Apprendre à réviser

Dans la même collection

Je déchire au lycée, Librio n° 1119
Une heure par semaine pour réussir au CP – Français, Librio n° 1123
Une heure par semaine pour réussir au CP – Mathématiques, Librio n° 1102
Apprendre à réviser, Librio n° 1004
Apprendre à réussir, Librio n° 1003
Apprendre à prendre des notes, Librio n° 999
Vocabulaire espagnol, Librio n° 842
Apprendre à apprendre, Librio n° 831
Chinois pour débutants, Librio n° 823
Chronologie universelle, Librio n° 773
Le Mot juste, Librio n° 772
La Géométrie, Librio n° 771
Le Dico de la philo, Librio n° 767
Formulaire de mathématiques, Librio n° 756
Latin pour débutants, Librio n° 713
Grammaire espagnole, Librio n° 712
Mouvements littéraires, Librio n° 711
Figures de style, Librio n° 710
Dictées pour progresser, Librio n° 653
Conjugaison espagnole, Librio n° 644
Vocabulaire anglais courant, Librio n° 643
Difficultés du français, Librio n° 642
Le Solfège, Librio n° 602
Grammaire anglaise, Librio n° 601
Orthographe française, Librio n° 596
Le Calcul, Librio n° 595
Conjugaison anglaise, Librio n° 558
Grammaire française, Librio n° 534
Conjugaison française, Librio n° 470

André Giordan
et Jérôme Saltet

Apprendre à réviser

Librio
Inédit

Sommaire

Introduction

Ce livre est conçu, quel que soit votre âge, pour vous aider à préparer l'examen ou le concours que vous voulez réussir.

Passer une épreuve d'évaluation, et encore plus un examen ou un concours, demande une préparation. Mais pas question de foncer la tête la première dans un apprentissage « par cœur ». Au préalable, il faut connaître comment on va être évalué, en d'autres termes « à quelle sauce on va être mangé » ! Vous devez tout savoir sur la règle du jeu.

Demandez le programme !

Pour cela, il importe d'abord de bien connaître :

• la nature précise des épreuves (écrit, oral, travaux pratiques, dossier...) ;

• le programme complet couvert par le concours, l'examen ou la formation ;

• les rituels de l'épreuve.

Assurez-vous de posséder les derniers programmes.

Cherchez à connaître comment se déroulent les épreuves : le temps dont vous disposez, bien sûr, mais également les conditions particulières, par exemple la possibilité d'avoir des documents, une calculette selon les concours ou même un accès à Internet.

Suivant le cas, tout change pour la préparation.

Quand il y a un jury, comme c'est le cas par exemple pour les préparations aux grandes écoles, il est important de connaître sa composition et ses attentes. À l'université, on peut savoir qui corrige : le professeur, ses assistants ? Eux aussi ont leurs lubies, qu'il vaut mieux connaître.

Quand elles ont été publiées, il faut se précipiter sur les annales de l'examen ou du concours ou sur les épreuves des années précédentes. Il existe maintenant des sites qui deviennent incontournables pour préparer certaines épreuves. Renseignez-vous ou faites une investigation par un moteur de recherche.

N'oubliez pas le guide !

N'hésitez pas à rencontrer les étudiants des années passées pour récupérer leurs copies. Elles vous donneront des indications sur la nature de l'épreuve et sur ce qui est attendu. Rencontrez de préférence ceux qui ont échoué ! Vous tenterez d'en découvrir la raison et ce qu'il ne faut pas oublier de faire ou de dire.

Il est capital que vous n'oubliiez jamais qu'il vous faut « faire plaisir » à votre jury, le convaincre, répondre aux qualités qu'il recherche. Ne répondez pas ce que vous voulez répondre, mais demandez-vous toujours avant de répondre : « Qu'est-ce que le jury attend de moi ? »

Quelques idées simples à retenir

En début d'année, vous vous fixez un objectif :

- avoir votre baccalauréat ;
- valider votre premier cycle ;
- terminer votre deuxième cycle (licence, bachelor) ;
- obtenir votre troisième cycle (master, thèse de sciences, de sciences humaines ou doctorat de médecine) ;
- réussir un concours conduisant à l'enseignement (en France, recrutement des professeurs des écoles ou des collèges, certificat d'aptitude au professorat de l'enseignement du second degré, le CAPES, ou l'agrégation) ;
- entrer dans une grande école.

D'autres objectifs ont pu être choisis : un BTS, une école de soins, un diplôme d'ingénieur ou d'architecte, les potentialités sont énormes. Il existe encore tous les concours administratifs (nationaux ou régionaux) et nombre de formations continues qui vous permettront de revenir vers des professions plus attractives, si vous avez raté votre première chance.

Les stratégies pour atteindre le but seront précises :

- obtenir des notes correctes dans les différentes matières, de préférence dans celles à fort coefficient ;
- gagner des points dans les matières fortes (celles que vous dominez sans efforts particuliers) ;

• combler les lacunes dans les matières faibles (celles qui peuvent vous mettre en danger);

• soyez réaliste: que vos stratégies soient réalisables, datées, évaluées en temps pour contrôler votre vitesse de progression;

• ayez le sens de la hiérarchisation des tâches et apprenez à faire la part des choses entre ce qui est:

- prioritaire;
- secondaire;
- accessoire;
- marginal;
- inutile.

Évaluez le temps nécessaire à chaque tâche en tenant compte de vos qualités et de vos défauts, de vos aptitudes et de votre sens de l'organisation.

Repérez les plages de temps disponibles qui permettent le travail individuel et sachez trouver les bons outils (livres de base, supports de références) et les soutiens (personnes ressources = professeurs, personnes de votre entourage, camarades, etc.), sans oublier les bibliothèques et les sites.

Donc:

• planifiez dès le début de l'année;
• déterminez l'objectif, les stratégies, les priorités;
• travaillez régulièrement;
• fixez-vous des objectifs réalisables.

Important: N'oubliez pas les dates de préinscriptions, d'inscriptions ou de réinscriptions aux examens ou concours, les demandes de dossiers, les dossiers à constituer pour poursuivre des études, entrer dans une école, se faire accepter dans un master ou une direction de thèse[1], etc.

Chaque épreuve, concours ou examen est différent; l'étape suivante consiste à s'assurer que vous comprenez exactement l'intitulé des épreuves, c'est-à-dire ce qu'on attend de vous. Par exemple, connaissez-vous les différences entre:

• une épreuve de droit et une épreuve d'histoire?
• une dissertation de français et de philosophie?

1. N'attendez pas la fin de l'année pour chercher un master ou un directeur de thèse. Cela se prépare l'année précédente. Faites-vous connaître discrètement, faites apprécier vos compétences.

• un problème de maths et une épreuve de QCM (questions à choix multiple) ?

• une note de synthèse et une note administrative ?

Les attentes des jurys sont parfois à l'opposé. On n'argumente pas de la même façon en droit, en histoire ou en sciences. Parfois, cela joue sur de petits détails : on ne souligne rien sur sa copie en philosophie, alors que cela est attendu en mathématiques. On ne numérote pas les paragraphes en français, alors qu'on peut le faire en géographie. Poser une hypothèse en physique n'a rien à voir avec une hypothèse en mathématiques. On ne se présente pas de la même façon à un oral dans une université, à l'ENA ou à Sciences-po ! Chaque fois, votre façon de répondre à l'épreuve sera différente, ce qui demande des entraînements différents, y compris pour le même examen.

Heureusement, il existe de nombreux ouvrages dans le commerce ou dans les services de documentation sur la préparation aux examens et concours.

À retenir avant de commencer

Apprendre à réviser pour réussir est un métier. On n'improvise pas ses révisions. On monte une stratégie, si possible sur l'année. Elle passe par une bonne connaissance de ce qu'on attend de vous à chaque épreuve.

Une organisation bien pensée à l'avance augmente les chances de réussite et diminue le stress.

Ensuite, tout est affaire d'entraînement, d'organisation, de planification, surtout sur la durée pour certains concours ou examens. Ce sera le contenu des chapitres ultérieurs. N'oubliez pas qu'une « bonne » préparation demande une bonne confiance en soi et une bonne santé. Il vous faudra ainsi ne pas oublier de mettre votre corps en état de marche ! Attention à nombre d'alicaments proposés par la publicité (la plupart sont sans effet) ou à certains excitants, à commencer par le café, qui vous « cassent » sur la durée.

Concours administratifs

N'attendez pas, comme c'est trop souvent le cas, l'annonce de l'ouverture du concours pour commencer à vous préparer. Pour avoir quelques chances de succès, il vous faudra consacrer beaucoup de temps à la réalisation de vos fiches, ensuite aux révisions, aux exercices et entraînements divers. Et le temps est un « bien » trop rare quand il faut concilier vie professionnelle, vie familiale et préparation à un examen ou à un concours. Comptez au minimum six mois avant le concours pour débuter vos révisions. Mais prévoyez plutôt de commencer à vous exercer un an avant les épreuves.

I

Comment enrichir ses processus de mémorisation

La mémoire, ça se travaille ! Comment obtenir une mémoire d'éléphant pendant les révisions ? Comment entraîner sa mémoire ?

Pour le savoir, il vous faut comprendre les mécanismes de la mémoire et prendre conscience de vos incroyables capacités. Vous n'utilisez pas le millième des capacités de mémorisation de votre cerveau.

Montrez-vous sous votre meilleur profil !

Il n'y a pas une façon unique de mémoriser pour réviser. Il faut savoir que chacun a un type très différent de mémorisation. Nous avons tous une dominante. Cherchez à connaître la vôtre pour la perfectionner. Ensuite, essayez de connaître les autres façons pour vous les approprier. C'est souvent quand on peut « jongler » avec plusieurs démarches qu'on est plus performant.

Pour mémoriser :

Certains ont besoin de mettre en images, voire carrément de visualiser la page de cahier, la fiche ou le livre. On parle de « mémoire visuelle ».

D'autres se racontent les idées ou s'inventent des histoires ou ont besoin de dire à voix haute ou basse. On parle de mémoire « auditive ».

D'autres encore mémorisent en bougeant avec le corps, en associant des idées avec des mouvements. Ils peuvent se mettre dans la peau des personnes évoquées, vivre par le mime la situation. On parle de mémoire « kinesthésique ».

Ce sont les trois grands types. Si vous avez besoin de bouger pour apprendre, n'hésitez pas. Les chanteurs d'opéra, les comédiens s'appuient sur des gestes, des mouvements pour faciliter leur mémoire. Vous serez juste un peu désavantagé lors du concours, parce que vous ne pouvez pas vous mouvoir sans limites. Mais vous pouvez faire des gestes discrets !

Par ailleurs, il y a encore bien d'autres variantes pour mémoriser un cours.

• Certains, en relisant les notes prises en cours, entendent la voix de l'enseignant, d'autres entendent leur propre voix.

• D'autres, au contraire, « photographient » les mots du texte, les images. Certains ont intérêt à surligner les mots clés du cours, ou encore à faire un conceptogramme[1] pour traduire les notions apprises en utilisant des couleurs et des illustrations variées. Cela leur permet aussi de garder des fiches visuelles, véritables synthèses du cours.

• Certains encore préfèrent partir d'un exemple pour retenir une règle, d'autres font l'inverse. Les uns apprennent une leçon pas à pas et dans le détail, tandis que les autres apprennent d'abord les grandes lignes et entrent ensuite dans le détail.

À vous de déterminer la façon dont vous fonctionnez. Et surtout, n'hésitez pas à enrichir votre méthode ou éventuellement à en changer. L'important est d'avoir une méthode principale et de l'enrichir.

Petits tests pour connaître votre façon de mémoriser

Pour démarrer cette aventure sur votre mémorisation, quelle est votre dominante ?

Des exemples pour vous découvrir dans la vie quotidienne :

1. Fermez les yeux. Essayez de penser à vos dernières vacances pendant une minute. Que se passe-t-il dans votre tête ?

• Est-ce que vous les voyez ? Comme un film ou comme des photos qui défilent ?

Si oui, entourez V.

---

1. Si vous ne connaissez pas, rendez-vous dans A. Giordan et J. Saltet, *Apprendre à prendre des notes*, Librio n° 999, 2011, chapitre 8.

• Est-ce que vous vous les racontez, comme une histoire ?

• Avec votre voix ou celle d'autres personnes que vous avez rencontrées ?

Si oui, entourez A.

• Est-ce que vous ressentez des émotions ou des sensations ? Est-ce que vous retrouvez des gestes que vous avez faits ?

Si oui, entourez K.

V A K

2. Essayez de vous souvenir d'un événement (match de foot, accident, manifestation...) que vous avez entendu à la radio ou à la télévision. Que se passe-t-il dans votre tête ?

• Est-ce que vous voyez des images, des photos ou un film ?

Entourez V.

• Est-ce que vous entendez la voix du commentateur ou votre voix vous commenter l'événement ?

Entourez A.

• Est-ce que vous ressentez des émotions, est-ce que vous retrouvez des gestes que vous avez faits sur l'instant ?

Entourez K.

V A K

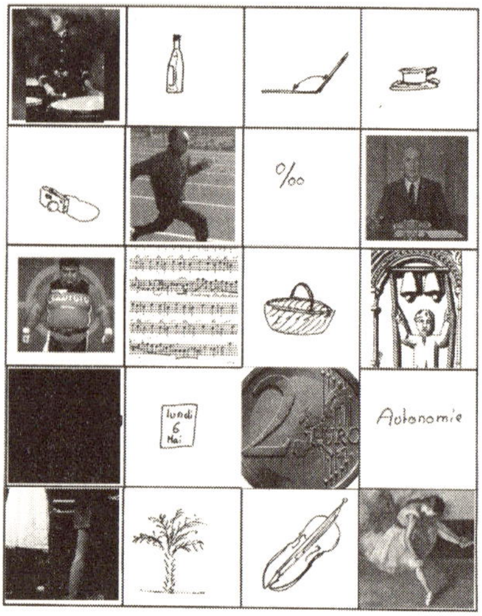

3. Regardez pendant une minute le document ci-dessus, fermez la page, essayez de le reproduire au mieux sur une feuille de papier.

Comment avez-vous fait pour mémoriser ce document ?

• Vous vous êtes fait une photographie, un schéma dans votre tête ?

Entourez V.

• Vous vous êtes raconté une histoire à partir des différentes images ?

Entourez A.

• Vous avez associé les images à des gestes, des parties ou des ressentis de votre corps ?

Entourez K.

V A K

Début de réponse

Si vous n'avez que des V ou une majorité de V, vous êtes essentiellement visuel.

Si vous n'avez que des A ou une majorité de A, vous êtes essentiellement auditif.

Si vous n'avez que des K ou une majorité de K, vous êtes essentiellement kinesthésique.

Certains utilisent plusieurs de ces techniques.

Une pincée de visuel, un soupçon d'auditif et un zeste de kinesthésique ?

Repérez celle que vous utilisez en premier ou le plus souvent. Vous pouvez continuer de vous questionner en repensant à d'autres activités :

- la lecture d'un livre ;
- une compétition à laquelle vous avez participé ;
- une émission de radio que vous avez écoutée.

V A K

Pour enrichir votre profil

Pour les visuels

Regardez pendant vingt secondes ces caractères chinois[1], cachez-les puis essayez de les écrire.

Comparez ce que vous avez écrit avec le modèle et essayez de repérer comment vous avez fait.

Aviez-vous dans la tête la photographie du support proposé ? > Tendance Vp[2]

Vous étiez-vous fait au préalable une image globale bien à vous ? > Tendance Vi

Avez-vous essayé de mettre en relation avec d'autres images ? > Tendance Vk

1. « Apprendre », en chinois.
2. Vp = visuel avec tendance à photographier la page ;
   Vi = visuel avec tendance à concevoir des images ;
   Vk = visuel avec tendance à faire quelque chose.

Il y a différents profils visuels. Pour certains, ce sera revoir une photographie :

- qu'ils ont simplement photographiée > Tendance Vp ;
- qu'ils ont construite eux-mêmes à partir des relations qu'ils ont établies > Tendance Vi ;
- d'autres encore peuvent s'imaginer être l'acteur d'un film au travers des contours de ces calligraphies > Tendance Vk.

Vous avez tendance à :

- comprendre en vous passant des mots (au mieux, les mots ne sont que des images pour vous) ;
- comprendre un sujet d'étude dans son ensemble, de façon globale (moins à l'analyser dans le détail ou à repérer l'enchaînement et la succession des idées).

Tendance Vp

- Entraînez-vous à retranscrire vos idées avec des mots et à faire des phrases. Attention à bien vous représenter le sens du mot, et pas seulement son orthographe.

Exemple : si vous devez acquérir des connaissances sur un pays donné (les États-Unis, l'Inde, la Chine, etc.), essayez de voir les caractéristiques de ce pays dans votre tête, et pas seulement le mot, le drapeau ou la carte. Prenez le temps d'écrire par le détail les particularités.

Tendance Vi

- Faites attention à donner un ordre à vos idées et à les organiser de façon linéaire. Vous pouvez dans un premier temps les écrire comme elles viennent, éventuellement sous forme d'un réseau d'idées – on appelle cela un conceptogramme[1]. Pour les écrire, essayez ensuite de les hiérarchiser. Surtout, prenez un peu de temps pour repérer les détails.

Tendance Vk

Vous avez tendance à :

- comprendre un sujet d'étude en vous déplaçant au travers de ces éléments. Vous vous représentez des images de gestes que vous auriez effectués. Vous êtes bien visuel, mais pas

1. Voir *Apprendre à apprendre*, Librio n° 831.

loin d'être kinesthésique. Leur approche pourrait compléter la vôtre.

Pour les auditifs

Écoutez pendant deux minutes les informations sur une radio d'information continue (France Info, RMC, Europe 1, France Inter ou RTL à certaines heures).

Fermez la radio et souvenez-vous de ce qui a été dit.

Il y a les auditifs à la 1re personne (A1) et ceux à la 3e personne (A3). L'un doit entendre dire, l'autre retient ce qu'il se dit à lui-même.

Vous avez tendance à :

• analyser un thème ou un problème point par point, dans l'ordre, à être intéressé par des exemples, des particularités saillantes ou de simples détails. Chercher à le comprendre dans son ensemble ou de façon globale vous ennuie.

Pourtant, il faudrait vous entraîner à repérer l'idée générale. Essayez de vous la raconter par exemple en allant à l'essentiel !

Tendance A1

• Essayez de percevoir un sujet dans sa globalité, en retrouvant dans les paroles que vous entendez dans votre tête la structure du discours. Gommez les incidentes, les parenthèses pour aller à l'essentiel.

• Prenez trente secondes pour vous dire dans votre tête le message principal, éventuellement les différents arguments avancés.

Tendance A3

• Entraînez-vous à développer une vue d'ensemble. Organisez-vous pour faire des liens entre les parties, notamment entre des informations parfois éloignées l'une de l'autre. Tentez de les expliciter en vous les racontant.

Cela peut vous être très utile pour réaliser une synthèse ou une conférence. Vous serez également plus créatif.

Pour les kinesthésiques

Remémorez-vous une activité que vous aimez faire (cuisine, bricolage, danse, etc.). Que ressentez-vous dans votre corps ?

Il y a ceux qui associent des ressentis (odeurs, émotions, voire des angoisses) > Ks[1] et ceux qui associent des gestes > Kg[2]).

Tendance Ks

• Essayez chaque fois que vous avez quelque chose à apprendre d'ajouter en permanence des sensations particulières à chaque élément à retenir.

Exemple: pour apprendre un théorème en mathématiques, associez des odeurs ou des sensations positives à chaque élément du théorème. Pour une poésie, des émotions particulières pour chaque strophe. Évitez bien sûr les ressentis désagréables ou les tensions en faisant un peu de relaxation.

Tendance Kg

• Entraînez-vous à associer des gestes ou des déplacements pour retenir des données.

Exemple: pour apprendre une poésie, inventez-vous une mise en scène avec des gestes particuliers pour chaque vers.

Pour un écrit, il ne vous est pas toujours possible de bouger en situation de formation ou d'examen. Entraînez-vous à imaginer des mouvements dans votre tête, à associer des gestes ou des espaces plutôt que de bouger vraiment.

Exemple: les penseurs grecs s'imaginaient leur cerveau comme une maison avec des pièces. Ils associaient leurs idées avec celles-ci ou avec leurs éléments (meubles avec tiroirs, décoration, etc.). Ainsi, ils retrouvaient leurs idées comme ils auraient retrouvé les objets.

Musclez votre mémoire au quotidien

La mémoire n'est pas un muscle, mais elle fonctionne comme un muscle: plus on l'utilise, plus elle est forte! Tous les jours, essayez de vous exercer en mémorisant des fiches. L'informatique nous facilite la vie, mais elle ne nous aide pas à entretenir une mémoire efficace au quotidien. Donc, plus vous utilisez

1. Kinesthésiques à tendance sensitive, qui ont besoin d'associer des sensations. Pour certains ce seront des ressentis, pour d'autres des émotions.
2. Kinesthésiques à tendance à associer des gestes.

votre mémoire, mieux elle fonctionne. Plus vous l'entraînez au quotidien, plus vous allez être performant.

Si vous êtes plutôt visuel, traduisez, représentez-vous systématiquement l'information avec des images. Vous voulez retenir les grandes périodes de la Seconde Guerre mondiale : essayez de vous les représenter sous forme de frise chronologique illustrée d'images significatives de chaque période.

Vous voulez retenir vos notes : structurez la page de notes comme un tableau avec des parties et des sous-parties, toutes soulignées avec une hiérarchie de couleurs (rouge, orange bleu par exemple). Surlignez les phrases importantes ou les résumés, mettez les exemples illustratifs en retrait, etc. Puis vous la visualiserez globalement plusieurs fois.

Si vous êtes auditif, chaque fois que vous devez apprendre quelque chose, inventez-vous une histoire avec vos propres mots pour relier les différents points :

Si vous devez décrire un tableau, essayez de vous raconter à travers un récit les éléments de ce tableau, leur organisation ;

- associez les couleurs et les formes à des sons ;
- inventez-vous une mélodie pour retrouver vos idées. Les chanteurs d'opéra peuvent mémoriser des heures de chants, parfois dans des langues qu'ils ne maîtrisent pas, seulement à partir de la musique.

Si vous devez passer un examen, racontez-vous comme si vous étiez en situation ce que vous direz à l'oral ou écrirez à l'écrit.

Entraînez-vous :

- à photographier mentalement votre fiche. Faites comme si vous preniez une photo avec vos yeux et ensuite essayez de la parcourir mentalement ;
- à associer des mouvements à chaque idée que vous vous racontez.

Si vous êtes kinesthésique, vous créez en permanence des liens entre les informations et des émotions, des ressentis.

Certes, ils sont très utiles pour vous aider à mémoriser. Mais ne vous y perdez pas.

Les pianistes ou les clarinettistes retrouvent des éléments de partition uniquement à partir des gestes qu'ils ont mémorisés.

Entraînez-vous :

• à ne pas bouger, tout simplement ;

• à photographier mentalement votre fiche. Faites comme si vous preniez une photo avec vos yeux et ensuite essayez de la parcourir mentalement, mais sans bouger !

• à enregistrer votre fiche et à la réécouter le soir sur votre iPod ou sur tout autre enregistreur, allongé sur votre lit.

Dans chacun des cas, vous pouvez encore :

• associer des émotions ;

• associer des odeurs, des lieux, des goûts, des musiques, etc.

Plus vous vous servirez de votre mémoire, plus vous l'utiliserez de façon multiple et variée, plus vous retrouverez facilement ce que vous avez mémorisé. Dans ce but :

• essayez de vous exercer aux autres types de mémoires. Si vous êtes visuel, entraînez-vous :
  – à vous raconter une histoire sur votre fiche ;
  – à enregistrer votre fiche et à la réécouter le soir sur votre iPod ou tout autre enregistreur ;

• essayez d'apprendre quelque chose de deux manières. Par exemple en lisant un livre et en faisant un schéma, ou en regardant un documentaire ;

• créez le maximum de liens entre les cours. Vous pouvez ainsi relier vos cours de français sur les grands auteurs des Lumières et vos cours d'histoire sur la Révolution française ;

• pratiquez des activités complémentaires : en plus du livre, allez à une exposition ou regardez des documentaires sur le sujet ou en lien avec lui. Chaque média stimule le cerveau différemment. En même temps, une telle approche peut constituer une respiration quand les révisions deviennent trop denses.

LES 7 CONDITIONS D'UNE « BONNE » MÉMOIRE

1. **Désirer retenir**

On retient mieux lorsque l'on forme un projet sur ce qu'on veut retenir, c'est-à-dire quand on sait à quoi et pour quoi cela va servir plus tard.

On retient mieux quand ce qu'on mémorise constitue une réponse à une question que l'on s'est posée.

On retient mieux ce qui nous plaît ou ce qui nous émeut. Le temps consacré à un savoir varie en proportion inverse de l'intérêt qu'il inspire ! Pour les savoirs « obligés », il faut donc soit y passer plus de temps, soit s'y intéresser davantage.

Il faut éviter la dispersion, la distraction, les « stimuli » bloquant le travail du cerveau. Donc :

- travailler sur une table nette ;
- utiliser la méthode des petits papiers pour noter une idée qui passe par la tête ;
- ne pas malmener le cerveau : éviter les bruits parasites, les images vues trop vite.

On mémorise mieux quand on a l'esprit reposé.

2. **Comprendre l'information**

On mémorise mieux si on a compris de quoi il retourne. De quoi ça parle ? Où cela se situe par rapport à ce que l'on connaît déjà ?

La mémoire met en relation les nouvelles connaissances avec celles qu'on a déjà mémorisées. La mémoire procède par références : les souvenirs s'insèrent dans la mémoire en place par un processus d'ancrage.

D'où l'importance de :

- partir de ce qu'on connaît déjà pour apprendre quelque chose de nouveau. Vous pouvez par exemple vous demander : « Qu'est-ce que je connais à ce sujet ? », « Qu'a-t-on vu au cours précédent ? » ;
- créer des liens entre les cours ;
- se poser des questions sur le sujet. On peut utiliser la technique des 5 W des journalistes : qui ? quoi ? où ? quand ? pourquoi ?

(En anglais : *who, what, where, when, why.*)

3. **Structurer l'information**

On mémorise mieux si on sait regrouper les éléments à retenir en un ensemble organisé et quand les choses à apprendre sont regroupées, prises dans une structure, en un « tout » clair, cohérent et hiérarchisé.

C'est un peu comme un puzzle : toute connaissance nouvelle doit prendre sa place parmi les autres déjà emmagasinées dans le cerveau ; il faut qu'elle s'intègre dans la structure, sinon il y a un phénomène de rejet. Ainsi, la mémoire se restructure en permanence, comme un programme d'ordinateur auquel on ajoute un nouvel ordre : le nouveau numéro prend automatiquement SA place dans le listing.

Donc :

- clarifier, mettre sous une forme compréhensible directement ;

• hiérarchiser : repérer d'abord le plan, les parties et l'enchaînement ;

• faire un effort de cohérence : raccrocher du nouveau à de l'ancien, de l'inconnu à du connu.

4. **Repérer les habitudes de son cerveau**

Repérer comment vous mémorisez habituellement (voir p. 14). Celui qui voit retient très peu d'une information orale ; il doit donc traduire les messages en images visuelles pour les enregistrer ; celui qui a besoin d'entendre ne doit pas hésiter à apprendre en parlant à haute voix. De même pour celui qui a besoin de bouger.

Donc :

• traduire l'information en images mentales visuelles, auditives ou corporelles si on retient ce que l'on RE-VOIT et/ou ce que l'on RE-DIT à l'intérieur de sa tête ou en bougeant avec son corps ;

• repérer également s'il vous est nécessaire de surligner les mots clés, ou encore de faire un conceptogramme[1] pour traduire les notions apprises en utilisant des couleurs et des illustrations variées ou encore s'il vous est préférable de partir d'un exemple pour retenir, ou l'inverse.

En conséquence :

• multiplier les registres : l'idéal est d'associer les différentes mémoires (visuelle et auditive, et tous les autres aspects sensoriels) ;

• écrire, dessiner, faire des figures, des cartes. Et surtout essayer d'autres façons de faire.

5. **S'entraîner à mémoriser** comme on s'entraîne à faire un sport.

Toute mémorisation doit être renforcée par des répétitions qui permettent de réactiver en permanence ses connaissances.

Donc, on enregistre mieux en trois fois au minimum :

• le soir même, reprendre l'ensemble du cours. Tout est frais, on complète ce qu'on n'a pas eu le temps de noter. On cherche à comprendre, on repère les manques. On structure le savoir, on le hiérarchise, on surligne les points importants. On ajoute des détails qui l'illustrent, etc. Éventuellement, on crée des fiches ;

• une semaine (ou un mois suivant la quantité de points et l'importance) avant l'examen, on reprend l'ensemble. On revient calmement sur les points qu'on a oubliés ou qu'on ne comprend plus. On met l'accent sur la compréhension de l'ensemble. On récapitule la structure du savoir et les points capitaux, éventuellement en les écrivant ;

• la veille, on revoit l'ensemble beaucoup plus rapidement. Quelques minutes par page ou par fiche. On mémorise les détails.

6. **Dormir sur le savoir à mémoriser**

On retient ce qu'on a oublié et réappris, à condition de respecter certaines conditions. La mémoire a besoin de temps pour « décanter ».

Donc :

• profiter du sommeil, car le cerveau révise tout seul si des informations ont été engrangées au préalable ;

• faire des pauses, ou, mieux, des siestes de cinq à vingt minutes entre deux moments de mémorisation.

De plus :

• varier les types de mémorisation : alterner les moments de répétition mécanique et ceux de réflexion ; travailler pendant des séquences courtes et intensives, suivies de multiples réactivations : cela évite la saturation et l'impression de tout confondre. Alterner les tâches pour éviter la lassitude et se ménager des moments pour décompresser ;

• planifier les révisions, prendre de l'avance : des révisions soigneusement dosées ont un meilleur rendement que d'intenses coups de collier.

7. **Situer la mobilisation de l'information**

Imaginer toujours les situations dans lesquelles le savoir sera restitué. Quand on veut mémoriser efficacement, il faut « programmer » son cerveau pour l'usage futur. Quand on révise avec le cours sous les yeux, on peut avoir l'impression de le connaître. Mais pendant l'interrogation, on n'arrive pas à se rappeler ce qu'on croyait avoir appris. Les notes sous les yeux, les quelques mots fonctionnent comme des indices pour la mémoire. Ils font revenir l'ensemble du cours à l'esprit. Or, en examen, la mémoire ne disposera pas forcément de ces indices.

Donc :

• se mettre dans la situation de devoir le restituer ;

• ne pas apprendre une leçon pour la savoir le jour de l'interrogation, mais pour s'en servir le jour de l'examen ou longtemps après.

Les mécanismes pour retenir et pour restituer un savoir ne sont pas les mêmes.

1. Voir note 1, p. 14.

Donc :
• s'habituer aux deux ;
• vérifier si on est capable de retrouver dans la mémoire ce qu'on a appris. Pour cela, mettez-vous dans les conditions d'interrogation ou de restitution, et sans regarder vos notes, écrivez ou dites ce dont vous vous souvenez sous forme de phrases clés.

100 MILLIARDS DE NEURONES, ET MOI ET MOI ET MOI

Comprendre comment marche la mémoire facilite l'apprentissage. On a beaucoup d'idées fausses à son propos (voir ci-après). Le cerveau utilise l'ensemble de son cortex pour mémoriser. Pour chaque connaissance, des centaines de millions de neurones se mettent en place en réseaux. Cela semble beaucoup et pourtant c'est peu. Il est vrai que nous en possédons 100 milliards. Certains sont situés dans des zones auditives, d'autres dans des zones visuelles ou kinesthésiques, d'autres encore dans des secteurs qui servent à décrypter les mots. D'où les dominances. Si on s'exerce à faire travailler les autres zones, on augmente ses capacités.

Plus on mémorise, plus on fait de liens entre les cellules nerveuses – on nomme cela des synapses – et entre les réseaux de cellules nerveuses. Ce processus augmente en permanence notre capacité de révision.

L'obstacle est le plus souvent au niveau du désir de mémoriser. Alors on trouve toutes les excuses : on est fatigué, trop vieux, pas habitué ou « ce n'est plus nécessaire, il y a Internet » ! Pensez que mémoriser est une chance. Plus on mémorise, plus on a de potentiel pour se débrouiller et plus on gagne du temps. Inutile de faire une recherche chaque fois.

Pour retrouver facilement le savoir, il est nécessaire d'avoir plusieurs ancrages. Une image du texte, un mot qui vous parle, un son associé, éventuellement un ressenti ou une émotion, etc. Plus vous avez d'idées, et même de sensations associées, plus facilement vous retrouverez l'information recherchée.

Quelques idées fausses

Mémoriser pour réviser, ce n'est pas apprendre « par cœur », c'est-à-dire lire un texte et le répéter aussitôt en levant les yeux au ciel.

Mémoriser, c'est d'abord prendre conscience de l'importance de ce qu'on mémorise, c'est donc avoir le désir de le faire.

Vous mémoriserez mieux si vous savez à quoi cela va vous servir. La réponse n'est pas immédiate. Cela peut passer par « Il faut que je réussisse le bac pour enfin faire ce que je veux » ou « Il faut que je réussisse ce concours administratif débile pour atteindre tel poste ».

Ne craignez pas l'encombrement de votre cerveau ! Ce n'est pas comme les trains sur les passages à niveau, un savoir n'en masque pas un autre. La mémoire ne fonctionne pas comme une bibliothèque ou un disque dur ! C'est un fonctionnement de réseaux. Plus vous mémorisez, plus vous pouvez mémoriser.

Il n'y a pas de « centre » de la mémoire dans le cerveau. Quand vous mémorisez, c'est l'ensemble de votre cerveau qui stocke l'information. Toutefois, on ne mémorise pas directement lors des révisions, mais la nuit. Dormir n'est donc pas une perte de temps ! Et les rêves aident à mémoriser. Il faut au moins une nuit pour mémoriser.

Le psychoaffectif, la sensibilité et l'émotion sont très importants dans les phénomènes de mémorisation : on mémorise mieux quand on a fait quelque chose qui a plu, par exemple un exposé, un travail de groupe, une recherche personnelle ou parce que le savoir a du sens pour soi. Le cerveau produit des neuromédiateurs dans les synapses associés à l'intérêt accordé aux informations mémorisées. Ils interviennent pour faciliter ou empêcher la mémorisation.

Mobilisation générale !

Un point important pour mémoriser : il faut mobiliser le savoir. C'est en réutilisant le savoir que l'on mémorise vraiment. Sans doute vous êtes-vous aperçu parfois que c'est en l'expliquant à d'autres que vous avez compris et mémorisé. Créez-vous des situations où vous pouvez réviser à deux. Une autre façon de mobiliser est de faire des exercices d'application, surtout quand vous devez appliquer le savoir dans un autre contexte.

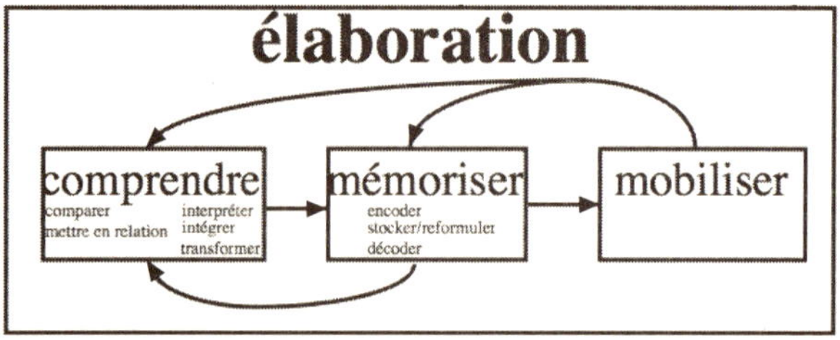

Relations entre mémoriser, comprendre et mobiliser.
Les trois processus sont en interaction, et s'entraident.

Le savez-vous ?

Certaines substances peuvent-elles empêcher votre cerveau, et donc votre mémoire, de bien fonctionner ? Oui ! Les drogues ou les neuroleptiques, les anxiolytiques, les antidépresseurs, l'alcool. Interviennent aussi négativement la fatigue, le bruit ou encore le fait d'écouter une musique intense en travaillant.

Et pour terminer, faut-il apprendre par cœur ou comprendre ? Les deux ! Car nous avons différentes mémoires. Par exemple :

- la mémoire lexicale : elle stocke la forme sonore et la forme écrite des mots ;
- la mémoire sémantique : elle stocke le sens des mots.

Les règles, les formules, le vocabulaire et les dates peuvent être appris par cœur. C'est le seul moyen de construire sa mémoire lexicale. Pour toutes les autres connaissances, comprendre est essentiel pour mémoriser. Par exemple comprendre le plan, l'enchaînement des idées, les démonstrations.

La mémoire sémantique (celle du sens) est plus résistante que la mémoire lexicale. Plus on analyse profondément ce qu'on apprend, mieux on retient.

II

Comment s'exercer ?

Passer un examen ou un concours, quel qu'il soit, demande de l'entraînement et donc des exercices. Mais pas question de foncer la tête la première ; nous l'avons écrit en introduction, nous le répétons !

Tout commence par la « vraie » préparation. Attention aux révisions de « bonne conscience » pour faire plaisir ou pour faire semblant et dans lesquelles on se perd sans s'en rendre compte.

Connais ton ennemi !

L'efficacité demande de bien connaître au préalable :

- la nature précise des épreuves et le programme couvert par le concours ;
- les rituels de l'épreuve.

Assurez-vous de posséder les derniers programmes. Les programmes peuvent être obtenus au service des examens et concours d'école, de l'université, du rectorat ou au service documentation de la DAFOP suivant les cas, ou encore dans les manuels. Ainsi, on peut préparer sa formule gagnante !

Chaque concours ou examen est différent ; et dans ceux-ci, chaque épreuve peut présenter des particularités ou des attentes différentes. Assurez-vous que vous avez compris exactement :

- l'intitulé de chaque épreuve ;
- les contenus à savoir ;
- les démarches à mettre en œuvre.

La révision peut alors commencer. Et elle commence non pas par de l'accumulation de données, mais par un point complet des connaissances déjà acquises et de ce qui vous reste à apprendre afin d'organiser au mieux votre préparation. Vous pouvez faire ce point honnêtement vous-même. Toutefois, si vous ne vous sentez pas objectif, pour de nombreuses épreuves, il existe des quiz sur papier ou sur Internet.

Exemple de quiz pour le baccalauréat, épreuve d'histoire

La société française de 1945 à nos jours[1]

Les grandes évolutions économiques et sociales de notre pays pour réviser le programme de terminales

Q1. Quelle caractéristique de la société française à la fin de la guerre est inexacte :

- La pénurie est telle que les tickets de rationnement sont maintenus jusqu'en 1949.
- La France connaît une explosion démographique.
- Du fait de la reconstruction, le chômage est quasi inexistant.
- Les frontières sont volontairement fermées à toute immigration.
- Des millions de personnes sont sans abri par suite des destructions.

Q2. Parmi ces progrès sociaux, lequel ne date pas du Gouvernement provisoire de la République française ?

- La création du SMIC.
- La création de la Sécurité sociale.
- Le vote des femmes.
- La création des allocations familiales.
- La création d'un système de retraite pour tous.

Q3. La période de reconstruction jusqu'aux années 1970 porte un surnom donné par l'économiste Jean Fourastié :

1. Créé par Richard Tribouilloy, http://tribouilloyterminales.over-blog.com/article-20441748.html

• Les Trente Merveilleuses.
• Les Trente Joyeuses.
• Les Trente Miraculeuses.
• Les Trente Lumineuses.
• Les Trente Glorieuses.

Q4. Comment appelle-t-on le regroupement des terres pour moderniser l'agriculture française dans les années 1950-1960 ?
• Le rééquilibrage.
• La restructuration.
• Le remembrement.
• La recapitalisation.
• La refonciarisation.

Q5. Quelle évolution n'est pas réelle jusqu'aux années 1970 ?
• L'exode rural depuis les campagnes vers les villes.
• La création de quartiers de grands immeubles de logement en banlieue des villes.
• L'arrivée importante d'une main-d'œuvre immigrée pour travailler dans l'industrie.
• La volonté de privilégier le développement durable dans l'aménagement du territoire.
• L'augmentation du niveau de vie et de la consommation.

Q6. Parmi ces évolutions du marché du travail dans les années 1950-1970, l'une est fausse :
• Le secteur agricole, se modernisant, recrute de plus en plus.
• Le travail féminin augmente et devient progressivement la norme sociale.
• Le recours à une main-d'œuvre immigrée bon marché est de plus en plus courant.
• Le tertiaire devient progressivement le secteur d'activité principal.
• La demande en personnel de plus en plus formé et qualifié s'accroît.

Q7. Parmi ces facteurs expliquant la crise de l'économie française et la montée du chômage à partir du milieu des années 1970, l'une est fausse : laquelle ?
• Les enfants du baby-boom arrivent en masse sur le marché du travail à partir des années 1970.

• Le prix du baril de pétrole connaît deux hausses considérables pour l'époque.
• La concurrence industrielle mondiale et notamment asiatique se fait lourdement sentir.
• La France doit payer les frais de guerres coloniales très coûteuses.
• L'équipement des foyers français commence à arriver à saturation.

Q8. Comment appelle-t-on les politiques de lutte contre la crise menées en accentuant le rôle de l'État (augmentation de salaires, grands travaux, etc.) ?
• Politique libérale.
• Politique colbertiste.
• Politique thatchérienne.
• Politique behaviouriste.
• Politique keynésienne.

Q9. Comment appelle-t-on le fait qu'à partir des années 1980, de plus en plus, l'emploi garanti à vie est remplacé par une très grande mobilité dans les postes et les carrières ?
• La flexibilité.
• Le balancement.
• La commodité.
• La fluidification.
• La gouvernance.
•

Q10. Que veut dire RMI ?
• Revenu médian interprofessionnel.
• Revenu moyen imposable.
• Revenu minimum d'insertion.
• Revenu mensuel d'indemnisation.
• Revenu modéré indexé.

Internet est devenu une formidable ressource pour trouver des quiz et évaluer son niveau en fonction de l'examen ou du concours.

Quiz sur les connaissances littéraires[1]

Q1. Qui a écrit *Le Dormeur du val* ?
Le Dormeur du val *est l'un des premiers poèmes d'Arthur Rimbaud.*
En 1870, en pleine guerre franco-prussienne, le jeune Arthur est âgé de 16 ans. Il dénonce dans ce poème l'absurdité de la guerre.

Q2. Quelle est la fin du vers « Heureux qui, comme Ulysse… » ?
« Heureux qui, comme Ulysse, a fait un beau voyage », premier vers et titre du célèbre sonnet de Joachim Du Bellay (lire le poème).

Q3. Qu'est-ce qu'un « quatrain » ?
Un quatrain est une strophe de quatre vers d'un poème.

Q4. Qui a écrit *Les Misérables* ?
Les Misérables *est un roman de Victor Hugo paru en 1862. Ses personnages principaux sont Jean Valjean, Cosette, Fantine, Javert, Gavroche, Marius, Éponine et les Thénardier.*
Ce roman a fait l'objet de nombreuses adaptations cinématographiques et télévisuelles, en France et à l'étranger, dont :
En 1934, Les Misérables *de Raymond Bernard, avec Charles Vanel (Javert), Jean Servais (Marius) et Orane Demazis (Éponine).*
En 1982, Les Misérables *de Robert Hossein, avec Lino Ventura (Jean Valjean), Michel Bouquet (Javert), Jean Carmet (Thénardier) et Évelyne Bouix (Fantine).*

Q5. Le mot « carte » est-il l'anagramme ou le palindrome du mot « trace » ?
Carte est l'anagramme de trace (voir la définition d'un palindrome).

Q6. Dans quel roman de Jules Verne peut-on suivre les aventures de Phileas Fogg ?
a. *Vingt Mille Lieues sous les mers*
b. *Le Tour du monde en quatre-vingts jours*

---

1. Sur le site, on obtient les réponses après avoir cliqué sur les questions. Extrait de http://www.le-precepteur.net/premiere/francais/textes.php pour réviser le français en première.

Réponse b, Le Tour du monde en quatre-vingts jours.

À la suite d'un pari, Phileas Fogg, un gentleman anglais, s'engage à accomplir le tour du monde en seulement quatre-vingts jours. Un voyage extraordinaire, marqué par les nouveaux modes de transport et des rencontres imprévues...

Q7. Parmi ces trois poètes, deux se connaissent et sont amis. Lesquels ?

- Pierre de Ronsard
- Charles Augustin Sainte-Beuve
- Joachim Du Bellay

Il s'agit de Ronsard et Du Bellay, qui font partie du groupe de poètes la Pléiade (1550-1575).

Sainte-Beuve est né en 1804.

Le bon choix

En fonction de la nature de l'épreuve et de son contenu, il existe plusieurs formules de révisions.

La formule 1 demande le minimum de mémorisation et le maximum d'exercices. On la nomme le « **Maxexos** ». Ce peut être aussi bien pour la dissertation de philo ou l'épreuve de maths du bac que pour le grand oral de l'ENA ou des autres écoles d'administration. Les variantes sont étroites, la quantité de mémorisation apparaît faible :

- quelques formules et démonstrations en mathématiques ;
- quelques citations en philo.

En fait, les apparences sont trompeuses. Lors des épreuves de mathématiques, ce peut être beaucoup de mémorisation, mais son processus est très indirect. Car pour être performant dans les épreuves habituelles de maths, au bac, à l'université ou pour les concours des grandes écoles, il est nécessaire d'avoir engrangé le plus de démonstrations possible, que l'on peut ensuite ressortir presque automatiquement. Mais l'important n'est pas de mémoriser pour mémoriser. On peut retenir ces données par l'entraînement, *via* des exercices.

Lors d'une épreuve de philo ou d'un grand oral type Sciences-po ou l'ENA, il faut également faire étalage d'une grande culture ! Mais la simple mémorisation serait largement insuffisante. Il faut mettre en perspective les informations, les argumenter et les discuter. L'exercice est également prépondérant. La mémorisation s'est faite au préalable ou en parallèle en multipliant les lectures, et pour mieux retenir en faisant des fiches de lecture[1].

La formule 2 est celle du **bachotage intégral**. C'est le cas pour les épreuves d'histoire et de géographie, de sciences au bac et de la plupart des épreuves de droit ou des concours administratifs.

Il s'agit d'un bachotage différent de la formule des QCM ; on ne peut pas deviner la « bonne » réponse, contrairement au QCM. Dans ce type d'épreuve, il faut argumenter et savoir rédiger. À part quelques petits « trucs » pour gagner quelques points – néanmoins précieux et qui font toute la différence –, tout est dans l'art de la mémorisation.

La formule 3 est celle des révisions pour **les épreuves type QCM** ; elle s'appuie le plus souvent sur un bachotage énorme ! Tout est dans la mémorisation, qui demande un tas de fiches de révision.

Toutefois, quelques « trucs », disons quelques démarches, peuvent s'acquérir par exercices pour augmenter la performance. Il est nécessaire de les prendre en compte dans les révisions.

D'autres formules existent encore pour réviser un oral ou un entretien.

Formule 1 : le Maxexos

Dans certaines évaluations de maths ou de physique, mais également en dissertation de français ou de philosophie, la partie mémorisation apparaît moindre. En maths ou en physique, une fois que vous connaissez vos théorèmes ou vos formules, tout est dans l'art de résoudre les exercices ou les problèmes. L'erreur principale à ne pas commettre est de réciter son cours au lieu d'argumenter les solutions du problème à coups de démonstrations s'appuyant sur des théorèmes. Cela est d'ailleurs en partie « vrai » dans les épreuves de SVT ou de médecine (2e année ou année ultérieure) où

1. Pour en savoir plus sur la confection des fiches de lecture, voir A. Giordan et J. Saltet, *Apprendre à prendre des notes*, *op. cit.*

il s'agit d'argumenter à partir de documents comme si vous faisiez une vraie recherche. En fait, c'est un exercice de style où il faut faire semblant de découvrir ce que l'on connaît déjà !

En français ou en philosophie, il vous faut certes de multiples références. Et les fiches ont bien sûr leur raison d'être. Mais l'essentiel sera mémorisé lors de vos lectures. Ensuite, tout est affaire de qualité d'expression et d'écriture.

Dans tous ces cas, le « Maxexos » a toute sa raison d'être !

Pas question de traîner, la formule gagnante est de se donner le maximum d'exercices à faire. Pensez en premier aux exercices de votre livre si vous en avez un qui a été conseillé par votre prof. Cela est aussi valable pour les classes préparatoires et pour l'université. Pensez à regarder les livres concurrents quand ils existent. Vos enseignants prennent souvent leurs exercices pour les épreuves dans ces derniers !

Pour les examens et les concours, les annales sont le « passage obligé ». N'hésitez pas à lire d'abord ou en parallèle les commentaires des épreuves. Aujourd'hui, nombre d'institutions et d'écoles mettent à disposition sur leur site les exercices des années précédentes. C'est une grande chance à saisir qui n'existait pas auparavant[1].

• Essayez d'en « avaler » le plus possible (voir « La préparation commando » au chapitre IV, 77). Essayez de faire vos révisions seul ou avec un copain ou une copine de même niveau, avant de regarder les solutions. Quand vous n'y arrivez pas, aidez-vous des solutions. Toutefois, faites-le intelligemment en essayant de comprendre sur quoi vous avez buté :

- quel a été votre obstacle ?
- que vous fallait-il savoir en plus ? Ou encore…
- votre démarche était-elle adéquate ?

La plupart des éditeurs ont choisi ce créneau : ils proposent un livre et maintenant un site quand on a acheté le livre qui comprend :

---

1. L'Union des professeurs de spéciales propose sur son site une base de données de sujets de concours. Vous trouverez des énoncés et des corrigés des épreuves de mathématiques et d'informatique proposées aux concours des grandes écoles les années passées. Les corrigés ont été rédigés par des professeurs de prépa et mis gracieusement à la disposition de l'UPS.

• une synthèse des cours pour comprendre les notions essentielles ;
• des exercices d'application pour maîtriser le cours ;
• des exercices d'entraînement pour préparer ses interros ;
• des sujets de contrôles et des QCM pour s'évaluer ;
• des exercices d'approfondissement pour se préparer à la classe suivante ou à l'examen ultérieur ;
• des corrigés détaillés et commentés.

De même, des centres de préparation, notamment aux concours médicaux, sont sur le créneau. Ils vous proposent :
• un maximum d'exercices après reprises et approfondissements théoriques des programmes antérieurs ;
• des travaux dirigés en petits groupes (20 à 25 étudiants maximum) ;
• une équipe d'enseignants confirmés et disponibles à la demande ;
• des devoirs surveillés et des concours blancs dans toutes les disciplines du concours ;
• des révisions intensives ;
• une équipe de profs à disposition pour vous pousser à travailler.

Tout cela est très bien si vous avez besoin qu'on vous pousse à travailler. Il vous suffit de vous rendre sur Internet pour trouver ce qui convient à votre concours. Toutefois, c'est souvent très onéreux et pas toujours très sérieux. Et si vous suivez nos conseils, y compris sur l'organisation et la prise en compte du corps, vous pouvez vous débrouiller tout seul sans problème !

CONSEILS POUR L'EXAMEN DE MATHS OU DE PHYSIQUE

Durant l'entraînement, mettez-vous en situation d'examen :
• écrivez très lisiblement ;
• soignez la rédaction et la présentation matérielle. Il convient par exemple de numéroter les diverses questions en les séparant très nettement ;
• respectez les notations de l'énoncé ;
• donnez les explications nécessaires et suffisantes en faisant figurer sur la copie tous les calculs intermédiaires ;
• donnez les résultats encadrés.

Attention, d'autres rituels existent pour les dissertations (voir également ci-après). Ils sont très différents :
- ne pas souligner ;
- ne pas encadrer ;
- ne pas surligner les idées importantes !

CONSEILS POUR LA PRÉPARATION DE LA DISSERTATION

Que la dissertation soit de philo ou de français, le travail préparatoire sous forme d'exercice est l'étape la plus importante. Prenez l'habitude de le faire pendant vos exercices de révision ; cela deviendra ensuite un automatisme au moment de l'épreuve.

Commencez par travailler sur du papier brouillon tant que les épreuves sont sur papier d'examen. Certaines universités ou écoles commencent à accepter le traitement de texte. Si c'est le cas, mettez-vous-y. Vous gagnerez un temps considérable.

Dans les deux cas, le travail d'entraînement se fait selon les étapes suivantes :

- Première étape : réfléchir ! Que souhaitez-vous faire passer comme message ? Pas ce que vous aimeriez dire, mais ce que vous pensez que le correcteur attend ! Pour cela, trouvez des idées qui correspondent au sujet et envisagez des exemples pour illustrer chacune des idées. Évitez les jugements de valeur, les opinions trop personnelles.
- Deuxième étape : trouver un plan, c'est-à-dire une progression des idées, et déterminer les liens logiques entre les parties.
- Troisième étape : vérifier l'ordre des arguments. Ces derniers doivent être rangés :
  - du plus faible au plus fort ;
  - du moins important au plus important ;
  - du contre au pour (ou du pour au contre, suivant l'opinion exprimée).

Deux points dans vos exercices préparatoires sont particulièrement à soigner :

- L'introduction, qui comprend :
  - une accroche : une anecdote, une citation par exemple liée au sujet qui permet d'amener le propos. Évitez les banalités !
  - une problématique : elle explique pourquoi la question posée fait problème (facile s'il s'agit d'un paradoxe). Elle met en place les éléments nécessaires pour l'argumentation ;
  - l'annonce du plan choisi : évitez si possible les formules « bateau » et la langue de bois !

• La conclusion : il s'agit d'une reprise de la problématique. Elle doit renvoyer à un prolongement ou à une mise en perspective qui ouvre le sujet.

En français, lors de vos révisions, utilisez également des annales corrigées ! Faites les analyses de texte et entraînez-vous à la rédaction. Quand plusieurs annales existent, comparez les corrections entre elles et avec votre tentative.

Enrichissez votre vocabulaire en lisant des romans, des nouvelles ou des articles de grands quotidiens.

En philo, efforcez-vous de formuler une problématique, balancez votre argumentation. Il est impératif de bien lire le sujet de la dissertation et de tout de suite mettre sur une feuille les idées et les connaissances qui vous passent par la tête.

Ensuite, prenez du temps pour organiser les idées ainsi récoltées. Enfin, déterminez l'introduction et la conclusion de l'exposé. L'habitude est d'organiser votre argumentation en trois grandes parties :

• intro, développement et conclusion.

Penser le développement également en trois parties :

• thèse, antithèse, synthèse.

La note de synthèse dans les concours administratifs

La note de synthèse demande de vous exercer spécialement. À part quelques révisions de règles d'orthographe, tout est affaire d'entraînement. Même si le temps pour l'épreuve peut être de deux à quatre heures suivant la difficulté du sujet et le nombre de documents, une telle synthèse ne s'improvise pas ; elle demande d'avoir fait l'exercice une dizaine de fois avant l'épreuve.

Cette épreuve ne doit surtout pas être confondue avec la réalisation d'un résumé. Il s'agit d'extraire les idées principales de plusieurs documents, de les hiérarchiser, de les argumenter pour faire ressortir les idées principales. Le plus souvent, l'épreuve se présente sous la forme d'un dossier contenant de 20 à 30 pages. La note de synthèse sera de 3 à 4 pages manuscrites.

Pour vous exercer, vous pouvez soit prendre les documents de préparation existants, soit prendre sur Internet une vingtaine de pages sur un sujet dans des sites différents. Lisez bien tous les textes en surlignant pour chacun leurs idées principales, leurs idées secondaires et des détails significatifs. Utilisez trois couleurs :

- rouge : idées principales ;
- jaune : idées secondaires ;
- vert : illustrations.

Le plan et les idées fortes se dégageront ainsi. Mettez éventuellement des numéros pour les repérer et réaliser votre plan.

La note de synthèse proprement dite doit comporter :

- une introduction ;
- un développement ; et
- une conclusion.

L'introduction (20 lignes) démarre par une accroche, elle présente les idées principales et le plan de la note. Elle donne envie de lire la suite. L'introduction est rédigée au brouillon en dernier.

Le développement (2 à 3 pages) peut comporter de 2 à 3 parties. Vous pouvez mettre des titres à chaque partie.

L'important est de mettre une idée par partie et une idée par sous-partie (pas plus !).

La conclusion (15 à 20 lignes) ne doit pas être un résumé du développement ; elle met l'accent sur une idée à retenir. Elle se termine par un prolongement ou une ouverture. N'oubliez pas qu'on ne vous demande pas votre avis, mais que vous devez faire une présentation neutre.

Formule 2 : le bachotage

Le bachotage a mauvaise presse ! Habituellement, le bachotage consiste à engouffrer une grande quantité d'informations dans un laps de temps restreint. Généralement, il est utilisé par les étudiants qui préfèrent les efforts intenses, mais brefs, aux efforts prolongés, mais constants. Le problème, pour nombre d'épreuves, est qu'il ne suffit pas d'apprendre des informations contenues dans le cours !

Toutefois, il existe de nombreuses disciplines où il s'agit seulement de restituer des données. Dans ce cas, un bachotage « intelligent », c'est-à-dire sur la durée, peut fonctionner.

L'art de la fiche

Tout est alors dans l'art de faire des fiches[1] et de les mémoriser (voir chapitre I). Ajoutons un zeste d'organisation pour tenir sur la durée (voir chapitre III). En effet, une fiche de cours a pour but de transformer le cours en un résumé intelligent.

En quoi les fiches ont-elles un rôle essentiel dans les révisions ? Les fiches présentent un intérêt multiple. Dans un premier temps, lors du cours et de sa mise au propre, vous pouvez comprendre ou chercher à comprendre.

Lorsque vous les rédigez, elles vous obligent à faire une synthèse de ce que vous avez appris, à faire ressortir le plan, les idées essentielles, ainsi que les termes et les chiffres indispensables à connaître.

Le fait de les écrire est également un ancrage, le début de la mémorisation. Bien sûr, les visuels ou ceux qui s'entraînent à devenir visuels peuvent ensuite les photographier mentalement.

Enfin, quand vous les utilisez pour les révisions du bac, elles permettent d'aller à l'essentiel et de continuer à mémoriser plus rapidement.

CONSEILS

Chaque étudiant aura son propre style, sa manière personnelle de réaliser une fiche. Prendre conscience de la façon dont on fonctionne mentalement est un facteur qui facilite la mémorisation, qui doit influer sur votre manière de faire des fiches.

Faites vos propres fiches, ne les recopiez pas. Le fait de les faire facilite la compréhension et la mémorisation.

Quand réaliser une fiche de révision ? Le meilleur moment pour réaliser une fiche :

- le soir même ; ou
- le plus rapidement possible après le cours, au plus tard le week-end, lorsque les souvenirs du cours sont encore bien frais.

Si le cours est absent – cela peut arriver parce que le programme n'a pu être fait en entier ou parce qu'il n'existe pas de cours de préparation pour telle épreuve –, vous pouvez les écrire au début de vos révisions, au moins six mois en amont pour avoir le temps de rechercher l'information. Prenez le temps de les faire sérieusement : une fiche efficace ne se rédige pas en cinq minutes, mais demande du temps et de la concentration.

1. Pour en savoir plus sur la confection des fiches de lecture, voir A. Giordan et J. Saltet, *Apprendre à prendre des notes*, *op. cit.*

Comment réaliser une fiche de révision ? Le plan doit être très visible : sa hiérarchie doit ressortir d'un coup d'œil. Suivez la règle : une phrase = une idée ! Utilisez de la couleur pour mettre en valeur les idées, soulignez les mots importants, surlignez les dates, les formules, les phrases clés.

Réduisez le cours à sa « substantifique moelle », sans négliger les exemples illustratifs. Faites attention à bien y intégrer les mots clés, dates, terminologies, noms, définitions importantes, etc.

Quel format de papier choisir ? Prenez des feuilles normales blanches de format A4 ou A5, selon vos envies et votre confort d'écriture. Certains préfèrent les fiches cartonnées. Ce n'est pas très utile : c'est cher et ne laisse que peu de place par page. Cela augmente le nombre de photographies à mettre dans votre tête.

Une fois le format choisi, gardez le même format pour toutes vos fiches, afin de les classer facilement. N'oubliez pas de les numéroter, faites des trous pour pouvoir les classer.

Il est utile également de faire des fiches de synthèse pour regrouper et mettre en parallèle des savoirs :

- formules de maths ou de physique ;
- dates ou repères d'histoire ;
- données économiques ou géographiques.

Place au numérique

Si vous arrivez à ne pas vous disperser, vous pouvez introduire du numérique dans vos révisions. En plus de vos fiches réalisées sur traitement de texte, vous pouvez maintenant travailler depuis votre bureau avec d'autres, à travers :

- Facebook ;
- Twitter ;
- des applications pour smartphone.

Groupe Facebook

Avec Facebook, vous pouvez organiser une véritable communauté virtuelle pour s'entraider, voire se conforter afin de travailler sur une épreuve donnée.

Une page Facebook peut renvoyer à des listes d'exercices ou de très nombreuses fiches de révision – pour les comparer avec les vôtres selon les épreuves et les examens.

Twitter

Certains enseignants accompagnent les élèves sur Twitter ! Ce réseau très en vogue permet d'envoyer de courts messages de 140 signes au maximum depuis un ordinateur connecté à Internet ou depuis un téléphone portable avec lequel on surfe, comme l'iPhone ou le BlackBerry. Ces enseignants répondent à des questions, des manques ou renvoient à des exercices à faire.

Applications pour smartphone

Des applications comme ToolBac peuvent également être très utiles pour obtenir des résumés de cours, des fiches, des tests et quiz, des points d'actualité...

Cette application se révèle indispensable lorsque vous êtes dans les transports, dans une salle d'attente ou si vous faites des compétitions.

Les éditeurs ont compris le marché et proposent – du moins déjà pour le bac – des applications pour smartphone de révision très performantes et ludiques. Réviser ses examens n'importe où et à n'importe quel moment, c'est possible !

Formule 3 : QCM pour un champion

Un questionnaire à choix multiple (ou QCM) est une méthode d'évaluation dans laquelle sont proposées pour chaque question plusieurs réponses. Il s'agit de choisir les réponses correctes ; généralement, on coche ou on met une croix, parfois on doit entourer la/les bonnes réponses ou barrer les mauvaises. Une ou plusieurs réponses – suivant les cas – sont exactes par rapport à la question posée. Les autres, appelées « distracteurs », sont des réponses erronées.

Ces questionnaires existent depuis les années 1930. Dans les pays francophones, les QCM ont fait leur apparition comme moyen de sélection dans les universités de médecine à la fin des années 1970. Depuis, elles se sont largement répandues. À partir de juin 2004, elles ont même fait partie de l'épreuve de mathématiques au baccalauréat. Elles sont actuellement utilisées dans les concours d'entrée des grandes écoles.

Les QCM demandent un bon entraînement pour discerner les différences entre les énoncés vrais et ceux qui sont presque vrais ou erronés. Quand le QCM a été bien pensé, il ne s'agit pas simplement de reconnaître la « bonne » réponse, il faut aussi parfois faire preuve d'esprit de synthèse ou de discernement.

Deux règles d'or :

1. connaître comment le QCM est constitué et comment il est évalué ;

2. rejoindre ou créer un groupe pour vous entraîner à répondre à des questions à choix multiple de différents niveaux.

Un QCM peut en cacher un autre

Connaître comment le QCM est « fabriqué » et comment il est évalué est toujours capital. Certains QCM présentent :

- une seule réponse « juste » par question ;
- d'autres peuvent en proposer plusieurs ;
- d'autres encore peuvent avoir toutes les réponses correctes ou fausses.

Il existe également des QCM qui demandent le pourcentage de certitude de la réponse.

Au niveau de la notation, certains pénalisent les réponses dites « devinettes », celles où on a répondu au hasard ! On soustraie des points pour chaque mauvaise réponse. Informez-vous bien au préalable. D'autres proposent des pondérations en fonction des réponses justes ou mauvaises.

S'il n'y a pas de pénalité, il est préférable d'essayer de deviner plutôt que de laisser une question sans réponse. S'il y a des pénalités, attention quand vous ne savez pas !

FACULTÉ DE MÉDECINE
PREMIÈRE ÉPREUVE DE DURÉE D'HISTOLOGIE ET D'EMBRYOLOGIE

Vous devez cocher la ou les réponses justes :

Q1. Au moment de la fécondation, l'ovocyte de 2e ordre est bloqué au stade de :

- Prophase de la première division méiotique.
- Métaphase de la deuxième division méiotique.
- Métaphase de la première division méiotique.
- Prophase de la deuxième division méiotique.

Q2. À la naissance, l'ovocyte contient :

- 4*n* ADN.
- 46 chromosomes à structure double.
- 46 chromosomes à structure double.
- 2*n* ADN.

Q3. Le stérilet possède un rôle contraceptif, il empêche :
- La fécondation.
- La sécrétion de FSH et de LH.
- La nidation de l'œuf fécondé.
- La formation du corps progestatif.

Q4. La pilule œstroprogestative possède les rôles suivants :
- Inhibe l'ovulation.
- Inhibe la sécrétion de FSH et de LH.
- Remplace le rôle endocrine de l'ovaire.
- Inhibe la sécrétion des œstrogènes et de la progestérone.

Q5. L'insémination artificielle se définit comme étant l'injection des spermatozoïdes à l'intérieur de la cavité utérine. Elle se pratique vers :
- Le 15-17e jour du cycle menstruel.
- Le 9-12e jour du cycle menstruel.
- Le 21-22e jour du cycle menstruel.
- Toutes les propositions sont justes.

Exemple de QCM de première année de médecine[1]

Il n'y a pas de recette pour vous entraîner. Le plus simple est de bien étudier les anciens QCM et d'en faire le maximum pour être prêt pour l'examen. Examinez chaque question pour déterminer :

- le niveau de réflexion requis (reconnaissance simple ou complexe, analyse, synthèse, application ou illustration) ; et
- le degré de différence entre les réponses correctes et incorrectes ;

lisez attentivement les instructions de départ : elles donnent des indications sur les choix des réponses. Elles vous diront peut-être :

- « choisissez la réponse la plus correcte » ; ou
- « indiquez la meilleure réponse ».

Elles vous proposeront parfois d'« indiquer toutes les bonnes réponses ».

1. http ://www.facmed-sba.com/t546-qcm-embryo-ptite-revision-avant-l-examen-de-synthese

Attention au temps !

Sa gestion est indispensable. Certains examens offrent 150 questions auxquelles il faut répondre en trois heures. Cela signifie que vous disposez d'une minute environ par question. Calculez toujours le temps moyen par question. Entraînez-vous à gérer le temps. Lisez toutes les questions attentivement et rapidement, en ne répondant en direct qu'à celles pour lesquelles vous êtes absolument certain. Écrivez au crayon un « ? » à côté de celles qui demandent un peu plus de réflexion ou d'attention. Vous y reviendrez ensuite.

Répondez ensuite à celles pour lesquelles vous n'avez pas de doute raisonnable sans vous arrêter à réfléchir trop longtemps. Terminez par celles qui vous posent problème.

CONSEILS

On peut utiliser la méthode par élimination pour gagner quelques points. Ceux qui font la différence. Éliminez les choix de réponse qui sont clairement faux.

Relisez attentivement chaque question et chacune des réponses. Essayez de comprendre ce qu'on vous demande. Lisez chaque alternative pour essayer de détecter intuitivement la « bonne » réponse associée à la question. Vous pouvez aussi éliminer les solutions qui ne cadrent pas grammaticalement avec la question.

Tenez compte des options « toutes ces réponses » et « aucune de ces réponses ». Regardez les choix de réponses pour voir si toutes s'appliquent totalement, ou si aucune n'est correcte. Si même un seul des choix ne s'applique pas totalement, ne répondez pas « toutes ces réponses » ou « aucune de ces réponses ».

Assurez-vous que votre réponse est bien en rapport avec la question : une affirmation peut être vraie, mais ne pas être pertinente avec la question posée !

Attention aux négations comme « aucun », « ne... pas », « jamais », « nul », etc. La bonne réponse est parfois le contraire de l'évidence !

Prenez note que les termes « habituellement », « souvent », « généralement », « parfois » et « rarement » sont des qualificatifs ; ils peuvent suggérer une bonne réponse. Attention aux pièges, les évaluateurs sont parfois des malins !

N'oubliez pas qu'un QCM ne doit pas vous empêcher d'apprendre. Certes on peut retrouver des données sans les mémoriser point par point par cœur. Mais plus vous savez, plus vous êtes performant, car plus rapide !

Formule pour s'exercer à l'examen oral

L'oral demande de s'exercer sur des compétences particulières propres à ce type d'exercice :

- une qualité de l'expression orale :
  - contenu de l'expression ;
  - argumentation, capacité à convaincre ;
  - clarté de l'expression ;
  - tonalité ;
  - gestuelle.
- une qualité de la relation avec le jury :
  - présence ;
  - dynamisme ;
  - capacité à rebondir ;
  - humour (mais discret).

Ces différents points peuvent se travailler seul ou à plusieurs, sous forme de jeux de rôle, en se fixant des questions à tirer au sort et en s'enregistrant.

Chaque fois que c'est possible, assistez aux oraux d'autres élèves, pour mieux comprendre ce qui sera attendu de vous, et mieux connaître les pièges à éviter.

Mais, au préalable, il vous faut vous cultiver de la manière la plus large possible, c'est-à-dire :

- une capacité à rechercher l'information générale sur les grands problèmes de société ;
- une curiosité « naturelle » ;
- une qualité de réflexion et une approche originale des problèmes montrant :
  - maturité ;
  - esprit critique ;
  - indépendance d'esprit.

Peuvent encore s'ajouter :

- une « bonne » connaissance de l'actualité ;
- une réflexion sur votre avenir professionnel : degré d'information, souhaits et aptitude.

Travaillez votre look

Restez proche de la supposée norme, pas de provocation : piercing et catogan à éviter, jupe et cravate souvent « obligatoires ».

Lors des préparations, observez :

- votre façon d'entrer, de vous asseoir : attendre qu'on vous y invite ;
- votre façon de dire bonjour : « Bonjour, madame, bonjour, monsieur, » et « Au revoir ». Ne tendez pas la main, attendez qu'on vous la tende ;
- votre respiration et votre transpiration : attention aux rougissements !

Gardez le buste droit, les mains sur la table et les coudes à la limite de la table, les jambes à l'aplomb de la chaise.

Travaillez votre stress par de la relaxation : évitez le balancement et les sautillements permanents.

Attendez que le jury vous propose de commencer. Pensez par votre regard à vous adresser à tous les membres du jury. N'oubliez pas d'utiliser le geste et de varier les intonations de la voix pour appuyer une démonstration.

Et surtout, maîtrisez le temps afin de pouvoir aborder l'ensemble des points que vous souhaitez : placez la montre à l'intérieur du poignet afin de la voir d'un simple coup d'œil ou utilisez votre smartphone discrètement posé dans un coin de la table.

Mettez-vous en situation et prenez conscience de la manière dont vous réagissez.

Pensez à bien différencier l'exposé de l'entretien.

Les deux premières minutes sont capitales

Tous les acteurs vous le diront, les deux premières minutes sont capitales pour vous poser en tant que personne qui a des « choses » à dire et qui sait les dire de façon convaincante.

Attention ! Il n'existe pas de règles générales ; les entretiens peuvent débuter de manière très diverse. Le jury peut vous imposer une procédure ou vous en laisser l'initiative. Dans ce deuxième cas, vous lui donnerez en quelques secondes les informations qui lui permettront de vous situer :

- d'où vous parlez s'il s'agit d'un exposé :
  - d'où viennent vos données ? comment les avez-vous traitées ? qu'est-ce qu'il en ressort d'important ? comment allez-vous les présenter ?
- qui vous êtes s'il s'agit d'un entretien :
  - âge, origine scolaire, famille, origine géographique.

Ne commencez pas l'entretien de façon plate par : « Je m'appelle X Y, je viens de Valserine et je veux faire HEC parce que... » L'exposé de vos motivations interviendra plus tard et cette manière de faire n'est pas très naturelle. Si l'un de ces éléments le permet, utilisez-le pour provoquer une question de la part du jury ; votre entretien débutera alors plus naturellement. Autrement, utilisez une accroche comme le font les journalistes.

L'exposé

Pour vous préparer, soyez bien au courant à l'avance :

- des temps :
  - de préparation ;
  - de présentation.
- du contenu de l'exposé. N'en restez pas au sujet lui-même, demandez-vous :
  - « Pourquoi me pose-t-on cette question ? »
  - « Qu'est-ce qu'on attend de moi à travers cette question ? »

Préparez-vous comme pour une dissertation. Pensez seulement que c'est plus court, avec un plan et une argumentation en pour et en contre. Envisagez une accroche pour démarrer et travaillez votre conclusion.

Exercez-vous en faisant le point écrit sur l'actualité récente depuis un an : analysez les grands événements de manière critique.

Envisagez quelques questions possibles, notamment celles sur lesquelles vous êtes à l'aise pour inviter le jury à vous interroger dessus.

Montrez lors de l'exposé votre curiosité et votre vivacité d'esprit, voire la conviction que vous avez, sans jamais vous montrer obtus. Argumentez, démontrez et apportez toujours la preuve de ce que vous avancez. Expliquez toujours le pourquoi ou le comment avec des éléments tangibles.

Prenez en compte les questions du jury. Osez poser à votre tour des questions ou en reformuler une pour voir si vous avez bien compris ce qu'on attend de vous.

Sachez gérer quelques moments de silence. Utilisez un vocabulaire simple mais précis. Pas de langue de bois ! Surtout, terminez vos phrases et évitez les expressions trop familières.

Cas particulier : l'entretien pour les concours

N'oubliez pas que la matière de l'entretien, c'est vous ! Votre réussite dépend avant tout de votre personnalité. C'est elle que le jury cherche à découvrir ; vous devez sans réserve lui en donner les moyens ; bien sûr sans emballement.

Cette épreuve se prépare et pour cela il vous faut vous exercer au préalable :

• faites le bilan écrit de vos compétences :
  – centres d'intérêt : liste, hiérarchie (ne pas en rajouter, ne pas se créer de fausse passion) ainsi que le pourquoi de ces centres d'intérêt ;
  – expérience(s) : fonctions, activités, voyages, actions à titre personnel ou dans des associations ; toujours par une description précise, une hiérarchisation et une relativisation.

• mettez en avant vos points forts : une grande partie de votre réussite dépend de vos capacités à amener naturellement le jury à aborder ces points.

L'entretien est de plus un échange : les exercices préalables s'imposent pour savoir argumenter, communiquer et vous exprimer.

Préparez également votre projet professionnel et réfléchissez à l'intérêt de cette école pour mener à bien ce projet :

• vous devez démontrer l'adéquation entre vos objectifs et les qualités que l'école souhaite développer, ses méthodes pédagogiques, les domaines privilégiés qu'elle développe.

Pour construire votre argumentation, deux éléments indispensables :
  – la brochure de l'école ; et...
  – les élèves chargés de l'accueil.

Enregistrez-vous et visionnez-vous, travaillez à plusieurs, toujours par le biais de jeux de rôle où l'un (ou plusieurs) est jury, l'autre candidat sur :

• votre personnalité ;
• vos études ;
• vos projets d'avenir ;
• vos valeurs ;
• votre appréciation de l'actualité sociale, politique, culturelle, sportive.

Sur ce dernier plan, n'hésitez pas à consulter les hebdomadaires ou des guides spécialisés. Vous pourrez ainsi affiner vos réponses.

Voici quelques questions pour vous entraîner :

- Pouvez-vous vous présenter ?
- Quels sont vos qualités ? vos défauts ?
- Comment vous imaginez-vous dans vingt ans ?
- Qu'est-ce qui vous motive le plus dans la vie ? Votre moteur principal...
- Quelle est pour vous la plus grande qualité humaine (quel est le plus grand défaut) ? Pourquoi ?
- Quel est le projet personnel (activités associatives, sportives, culturelles...) qui vous tient à cœur ?
- Pouvez-vous citer un livre, une pièce de théâtre (ou un film) qui vous a plus particulièrement marqué ? Pourquoi ?
- Vous arrivez dans une ville, quelle est votre première initiative ?
- Comment avez-vous réagi à l'événement suivant (à préciser en fonction de l'actualité) ?
- Racontez-nous un souvenir mettant en valeur votre esprit d'initiative.
- Quelle attitude adoptez-vous en cas de conflit dans la rue, dans votre équipe ?
- Pourriez-vous trouver quelques mots pour vanter vos qualités ou celles de votre équipe ?
- Quelles sont d'après vous les qualités d'un bon chef d'équipe ?
- Quels sont les éléments ou spécificités qui vous ont amené à choisir ce métier ?
- Cet entretien arrive à son terme : quelle image forte souhaiteriez-vous que nous gardions de vous ?

Surtout, préparez la conclusion de l'entretien. Elle peut vous être proposée sous des formes multiples :

- Avez-vous une question à poser au jury ?
- Y a-t-il une question ou un domaine que nous n'avons pas abordé(e) et qu'il aurait été intéressant d'aborder ?
- Vous avez une minute pour conclure.

Ne faites pas une synthèse, ne passez pas de la pommade au jury, faites part plutôt de votre sentiment sur le déroulement général de l'entretien. Soyez légèrement critique envers vous-même.

Un bilan pour progresser

À la suite à l'entretien, faites un bilan. Notez sur une fiche :
- votre comportement, et notamment les points à améliorer ;
- les questions qui vous ont surpris, les réponses dont vous n'êtes pas satisfait.

Vous pourrez ainsi préparer votre prochain entretien. On ne réussit pas toujours du premier coup. Il faut savoir apprendre de ses échecs et rebondir avec une argumentation satisfaisante.

DERNIER CONSEIL

Il est recommandé de vous exercer, dès le début de la préparation, à la fois pour les épreuves écrites et orales (voire pratiques quand elles existent). Le plus souvent, il n'y a que quelques jours entre l'annonce des résultats aux épreuves d'admissibilité – souvent un écrit – et le passage des épreuves d'admission.

Ce délai se révèle trop limité pour se préparer convenablement à l'oral. Et là encore, il convient de maîtriser le contenu et la forme de l'épreuve (entretien avec un jury, exposé sur la carrière, mise en situation, etc.).

La préparation sérieuse à un concours est un exercice long, qui demande un engagement personnel important. Mais c'est ainsi que le candidat aura le plus de chances de réussir. Toutefois, il n'est pas seul dans sa démarche de préparation. Il peut trouver de l'aide et des conseils auprès des personnes et des services compétents.

III

Savoir s'organiser

Peut-on préparer sérieusement les révisions sans parler d'organisation ? Réviser, c'est d'abord s'organiser. Il ne sert à rien de réviser n'importe comment ou n'importe quand. Par exemple, réviser la veille, c'est trop tard, sauf s'il s'agit d'un banal contrôle sur un savoir qu'on maîtrise parfaitement ou s'il s'agit juste d'une dernière révision quand on a tout appris à l'avance.

Pour les examens classiques et les concours sur épreuves écrites ou orales, c'est totalement contre-indiqué, votre cerveau n'a pas le temps d'engranger. Il faut pouvoir assurer sur la durée. La solution vraiment pertinente est de répartir l'effort de révision sur l'ensemble de l'année, avec une montée en puissance les derniers temps. Tout est affaire :

- d'organisation du temps ; et
- d'organisation matérielle.

Le maître du temps

Organiser son temps, c'est gagner en efficacité. Quelques priorités à mettre en avant :

- regrouper les activités et évaluer leur durée effective ;
- fixer ses priorités et ensuite les respecter ;
- éviter la lassitude et la fatigue en équilibrant les travaux faciles et difficiles, attrayants et ennuyeux. Le mieux est de commencer par ce que l'on a le moins envie de faire ;
- ne pas confondre l'urgent et l'important. Bien planifier, c'est faire en sorte que l'urgent n'empêche pas de faire l'important.

Organiser son travail entre périodes d'apprentissage et périodes de révision est toujours un facteur de réussite[1]. Cette capacité à gérer son temps et à maîtriser les méthodes de travail fait la différence entre ceux qui rencontrent le succès et les autres. Quand on sait apprécier le temps nécessaire à une révision, on prend l'habitude d'**anticiper** sur les tâches à venir. Vos efforts seront mieux équilibrés, et vous éviterez les périodes stressantes ou de surchauffe.

> **CONSEILS**
>
> Plus vous vous serez préparé et entraîné, moins vous aurez de stress au moment des dernières révisions, puis du concours ou de l'examen.
>
> Plus vous vous organisez, plus vous pouvez libérer du temps pour d'autres activités (loisirs, sports...), autant de moments indispensables pour de bonnes révisions sur la durée.
>
> Tout commence par une présence assidue aux cours. Cela semble couler de source ! Mais au-delà de la seule présence, il convient de faire preuve d'un maximum d'attention mêlée à de la pure concentration. Une écoute attentive est garante d'un gain de temps certain pour la suite de vos révisions.
>
> Pas question, pendant le cours, de tripoter le portable, de parcourir la planète Internet. Orientez vos activités mentales vers la seule compréhension du message du prof !

Le point sur votre organisation du temps[2]

Répondez avec franchise à ce questionnaire, il vous aidera à faire le point :

1. Est-ce que je travaille mes cours rapidement après y avoir assisté ?
2. Est-ce que je manque souvent un cours ?
3. Est-ce que je rattrape un cours manqué dans la semaine qui suit mon absence ?
4. Est-ce que je fais le point le matin (ou la veille) sur ce que je dois faire durant la journée ?
5. Est-ce que je pense à acheter un agenda universitaire (de septembre à juillet de l'année suivante) ?

---

1. Ce n'est qu'au moment des vacances et à la fin de l'année que vous pouvez seulement réviser. Le reste de l'année, vous devez composer avec les cours.
2. À partir de M. Febvre et A. Giordan, *Maîtriser les méthodes de travail*, Delachaux, 1994.

6. Est-ce que je me sers régulièrement de mon agenda ?
7. Est-ce que j'établis un planning hebdomadaire ?
8. Est-ce que je respecte mes plans de travail ?
9. Est-ce que le fait de planifier me libère l'esprit ?
10. Est-ce que le fait de planifier me donne l'impression de restreindre ma liberté ?
11. Est-ce que j'ai évalué le nombre d'heures de travail personnel effectué par semaine ?
12. Ce nombre d'heures est-il suffisant ?
13. Ce nombre d'heures est-il sensiblement le même d'une semaine à l'autre ?
14. Est-ce que j'ai le temps d'aller à la bibliothèque ?
15. Est-ce que je travaille aussi régulièrement le reste de l'année qu'au moment des contrôles ?
16. Est-ce que j'ai le temps pour des activités de détente ?
17. Est-ce que je remets toujours mon travail à temps ?
18. Est-ce que je remets parfois mon travail en retard ?
19. Est-ce que je remets systématiquement mon travail en retard ?
20. Est-ce que je me sens débordé à certaines périodes de l'année ou en permanence ?

Résultats :

Comptez 1 point pour chaque réponse positive, sauf pour les questions 2, 18, 19 et 20 où vous compterez 1 point pour chaque réponse négative. Pas de point dans les cas contraires.

• 0 à 6 points : vous êtes insouciant, vous improvisez, vos études ne sont pas au centre de vos préoccupations. Ne vous étonnez pas de vos mauvais résultats !

• 7 à 13 points : votre gestion du temps présente des faiblesses, mais peut s'améliorer. Il vous suffira de suivre nos conseils.

• 14 à 20 points : vos idées personnelles viendront compléter ce chapitre.

Des efforts, oui, mais des efforts réguliers !

Ensuite, tout est affaire de régularité, prévoyez :

- des temps pour suivre les cours ;
- des temps pour mettre vos fiches au propre ;
- des temps pour réviser, et notamment pour vous exercer.

Pensez d'abord à équilibrer vos activités, c'est-à-dire à alterner l'étude des matières difficiles qui demandent concentration et compréhension, et des matières plus accessibles, les travaux théoriques et pratiques, les périodes où on assimile et celles où l'on fait des exercices, les périodes de travail et de détente pour recharger votre machine corporelle et mentale.

Un plan de travail est une sécurité qui vous évite les oublis, les retards, les imprévus et l'anxiété.

Tenir la distance !

Le lycée, l'université préparent mal à l'effort de passer un examen ou un concours. Ces institutions ne donnent pas le rythme nécessaire. Les révisions finales se rapprochent plus d'une opération commando ! (voir chapitre suivant.)

Pour les concours aux grandes écoles, il faut compter au moins douze heures par jour de révision efficace. Et sur la durée, c'est-à-dire l'année ou les deux années précédant celuici. Ensuite, tout augmente en intensité, on peut arriver à quinze heures le dernier mois. Ce qui implique alors des règles de vie (voir chapitre VI).

Pour les concours administratifs, le bac ou le master, c'est au moins trois mois à ce rythme. Cela exige également une bonne organisation de sa vie et une bonne préparation de son corps. Car il faut prévoir des plages de repos et des plages de respiration à l'extérieur pour tenir un tel rythme. (voir chapitre suivant.)

Pensez à repérer vos propres rythmes de travail et les moments où vous êtes le plus efficace. Certains sont plus efficaces et plus endurants en répartissant de courtes séances de travail dans la journée, tandis que d'autres préfèrent des séances plus longues, à des moments précis par rapport à leurs heures de lever ou de coucher. Certains sont plus efficaces le matin, d'autres le soir. Délimitez ce qui vous convient le mieux. N'ayez pas mauvaise conscience si cela ne concorde pas avec les habitudes de vos parents ou de vos copains. L'important est :

• la durée de l'effort, car réviser est parfois fastidieux et demande des efforts ;

• le sérieux avec lequel vous le faites. Attention à la bonne conscience ! Les heures passées sur les livres ou les fiches à rêver à autre chose seraient mieux utilisées à aller au cinéma ou à faire du sport.

CONSEILS

Faites le point avant de vous endormir ou au réveil : qu'ai-je vraiment appris dans la journée ou la veille ? Essayez de lister :

- ce que vous avez retenu vraiment par épreuve ; et
- ce qui vous reste à comprendre, à mémoriser.

Respecter un rythme de travail régulier, c'est savoir prévoir la séquence de tout ce qu'il faut faire entre un point de départ et d'arrivée. Le travail par à-coups présente nombre d'inconvénients. Il signifie surtout que vous n'avez pas encore vraiment décidé de réussir. Vous travaillez pour faire plaisir à vos parents, à votre conjoint. Les irrégularités dans les efforts sont éprouvantes pour le mental et le physique. Si vous en êtes là, il vaut mieux :

- soit arrêter. Vous reprendrez plus tard, à une autre occasion, quand la motivation sera vraiment au rendez-vous ;
- soit décider d'entreprendre un « vrai » travail sur vous, sans excuse. Oui ! sur vous, parce qu'il n'y a que vous qui pouvez (voir chapitre V) ! Vous mettez totalement à plat, sans tricher avec vous-même :
  - d'une part ce qui vous porte à réussir « vraiment » cet examen ou ce concours ;
  - d'autre part tout ce qui vous bloque : des contraintes matérielles au désir de vraiment réussir.

Ensuite, vous reprendrez votre organisation du temps. Perdez un peu de temps – une fois – pour lister toutes les tâches à effectuer et les répartir en :

- temps d'études ;
- temps de mise au propre ;
- temps de révision ;
- temps de détente[1] ; et
- temps familial ou social[2].

Ces temps ne sont pas uniformes en durée. Si vous organisez vos études en considérant qu'un travail quel qu'il soit demande le même investissement horaire, vous courez le risque d'être coincé. En effet, l'investissement en temps sera, par ordre décroissant :

- *l'apprentissage-compréhension* où l'apprenant reprend son cours, complète avec des données nouvelles, met au point ses fiches ;

1. Le temps de détente contribue à la mémorisation et redonne de l'entrain pour une nouvelle phase de révision. Ne l'oubliez pas, mais pour que tout se passe bien, il vous faut ne pas être en retard sur votre planning.
2. N'hésitez pas à vous désengager un jour ou deux de vos obligations sociales si vous préparez un examen ou un concours. Dites-le de vive voix. N'ayez pas peur de vous justifier et de suggérer que vous reviendrez plus efficace ensuite !

• *la révision* où l'apprenant réactive et consolide des acquis antérieurs, et les maintient en mémoire.

Perdre du temps pour en gagner !

Si vous êtes moins rapide, prenez le temps de repérer où sont vos pertes de temps ou les moyens de devenir plus rapide. Perdez un peu de temps, vous en gagnerez ensuite. C'est le genre d'activités que vous pouvez faire en vacances, l'année qui précède la préparation du concours ou de l'examen.

Surtout, ne cherchez pas à vous comparer aux autres. Apprendre et retenir est une caractéristique totalement personnelle. Vous êtes plus rapide, moins rapide ? Pourquoi vouloir à tout prix comparer vos capacités avec celles des autres dans ce domaine ? Il ne s'agit pas d'aligner des performances, mais de réfléchir au meilleur résultat possible pour vous par rapport au but fixé.

Bien sûr dans l'organisation, il y a la planification (voir chapitre suivant).

Cas des préparations aux grandes écoles

Dans les concours de grandes écoles, les étudiants se laissent trop souvent prendre en charge par les prépas. Toutes ne sont pas « efficaces ». Il importe que les enseignants soient au fait de ce qui est attendu dans le concours : cela fait gagner les quelques points qui permettent d'« intégrer » une grande école. Chaque année, des évolutions existent, des modes se créent, des tendances se dessinent. Le B.A.-BA est de consulter les rapports d'épreuves et de voir les corrigés. La plupart des écoles en font maintenant.

Mais encore faut-il savoir décoder pour organiser ses révisions en conséquence. Les conseils donnés au début ou en conclusion sont souvent les plus importants pour deviner la tendance dominante. De plus, il ne suffit pas de lire le dernier rapport, il faut lire sur une période de cinq ans pour voir les évolutions. Internet est devenu une mine de rapports et de sujets d'examen. Cependant, quelques éditeurs ont gardé l'exclusivité de certains rapports. Il vous faut les commander et s'il n'y a pas de libraire spécialisé dans votre ville, une commande numérique reste la seule voie pratique.

Prenez du temps pour en discuter avec :

- votre coordonnateur, ou votre conseiller aux études, c'est lui (ou elle) qui connaît le mieux « l'actualité », ce qui est en place et ce qui va l'être ;
- le secrétariat du département de la discipline dominante (exemple : biologie, médecine générale) ;
- la vie scolaire ;
- les enseignants ;
- les copains qui ont réussi l'année précédente – ceux qui ont échoué ont également beaucoup à vous dire, s'ils sont sympas ;
- l'association d'étudiants ; ou encore
- les forums *ad hoc* sur Internet.

N'oubliez pas que ces concours commencent à se préparer dès le bac passé. On le fête et on commence les révisions pendant les vacances, en revoyant tout ce qu'on a appris pour le bac et qui peut être utile, en anticipant sur les cours à venir. Certaines prépas sont très intenses, on n'arrive à assimiler les cours que si on y est préparé !

Recommandations particulières pour les concours

Le candidat aux concours a des mois d'apprentissage et de révision très chargés. Une gestion rigoureuse du temps, un rangement efficace des documents sont particulièrement indispensables. Si vous ne logez pas à proximité du campus, vous devez tenir compte des temps de transport en autobus, en train, en métro. Ce temps ne doit cependant pas être perdu. Il peut être utilisé pour relire des fiches et mémoriser leur contenu (à l'aller) ou faire des lectures complémentaires (au retour). Quel que soit votre moyen de transport, vous pouvez enregistrer vos fiches et les écouter durant le trajet.

Si vous avez une famille ou un emploi salarié : prévoyez le temps nécessaire à votre vie de famille. Vous pouvez toutefois utiliser les moments de fatigue intellectuelle pour des tâches ménagères et vos temps de récupération pour vous occuper de votre famille. En tout cas, ne perdez pas une occasion pour faire participer votre entourage à votre travail.

Il est également évident qu'avec un tel planning chargé un étudiant salarié ne peut suivre l'ensemble des enseignements qu'en exerçant la fonction de veilleur de nuit ou de garde-malade la nuit ! Si vous êtes dans ce cas, il vous faut donc, encore plus, organiser votre temps !

Enfin, n'oubliez pas de gérer un temps de sommeil convenable (voir chapitre VI). Il n'y a pas de méthode générale en la matière. Vous devez repérer le moment le plus opportun pour vous endormir ou vous réveiller et la durée d'un sommeil réparateur. En tout cas, n'oubliez pas de vous réveiller chaque matin. Prévoyez l'équipement de base : un réveil numérique à la sonnerie douce mais insistante ou un radio-réveil programmé. Si vous êtes du genre anxieux, investissez dans deux réveils, notamment en achetant un réveille-matin classique, que vous ferez sonner quinze minutes après le radio-réveil. Vous dormirez mieux sachant que vous serez réveillé quoi qu'il arrive.

Si votre préparation pour une école d'ingénieur a lieu dans une université, vous pouvez trouver des informations utiles auprès :

- du bureau pédagogique de votre cursus ;
- de la cellule universitaire d'information et d'orientation de votre campus.

Concours de la fonction publique

Pour les concours de la fonction publique, il existe plusieurs possibilités pour bien se préparer[1] :

- suivre un cycle d'études adapté au concours que l'on souhaite passer : par exemple, pour les concours de catégorie A, une licence d'administration publique, ou le cycle d'études d'un institut d'études politiques ;
- s'inscrire dans un cycle de préparation au concours après avoir terminé ses études.

Pour les concours dits de « catégorie A », la préparation est assurée par les IPAG (instituts de préparation à l'administration générale), rattachés aux universités, et par les CPAG (centres de préparation à l'administration générale), rattachés aux IEP (instituts d'études politiques) ; il existe également des centres de préparation à l'ENA dans certaines universités et certains IEP, notamment celui de Paris.

Des préparations aux concours sont organisées par les services de formation continue de certaines universités et écoles d'enseignement supérieur. La préparation aux concours de la magistrature est assurée par certaines facultés de droit et dans

1. À partir de http://concours.fonction-publique.gouv.fr/gcp/pages/lang/fr/Score/les_preparations_aux

certains IEP. Pour les concours de l'enseignement, la préparation est assurée par les IUFM (instituts universitaires de formation des maîtres).

Pour les concours de « catégories B et C », certains Greta (groupement d'établissements publics d'enseignement) assurent des actions de préparation à divers concours ; c'est également le cas de certaines mairies de grandes villes (pour la Mairie de Paris : renseignements auprès des mairies d'arrondissement).

On peut également s'organiser seul. Il est possible d'obtenir les annales des épreuves des années précédentes ainsi que les rapports des jurys en vous adressant directement au service chargé de l'organisation du concours.

Des ouvrages spécialisés dans certains types d'épreuves de concours sont édités par le CNDP (Centre national de documentation pédagogique), par la Documentation française, ainsi que par un grand nombre d'éditeurs du secteur privé.

CONSEILS

Il n'y a pas d'obligation à s'inscrire dans un organisme spécialisé dans la préparation aux concours. Toutefois, ces concours ne permettent pas l'improvisation ! Il y a toujours des « trucs » : façon d'aborder une épreuve, façon de rédiger, etc. à connaître qui font toute la différence. Un optimum de préparation est donc un point fort pour réussir.

Essayez, comme pour les autres concours, de connaître ce qu'on attend de vous. C'est ce que peut vous apporter une préparation. Préparez-vous seul, si vous avez en main tous les éléments pour travailler à la maison. Étudiez en priorité les matières où vous avez été le plus faible grâce aux annales et aux manuels de préparation. Même avec un « bon » niveau bac ou d'études supérieures, comptez un bon trimestre entier de préparation pour vous mettre dans l'ambiance du concours !

Recommandations particulières pour les étudiants qui travaillent ou ont une vie de famille

Vous avez une vitesse de compréhension et de mémorisation correcte, mais vous manquez de temps parce que :

- vous devez gagner votre vie ; ou
- vous avez une vie de famille.

Inutile de courir tous les lièvres à la fois. Si vous êtes étudiant à l'université et salarié : en tant que tel, vous pouvez fragmenter vos études. Renseignez-vous auprès de votre scolarité, ayez une bonne discussion avec votre coordonnateur ou votre conseiller aux études.

Les étudiants salariés qui pensent pouvoir tout mener de front, par exemple douze modules en un an et un travail rémunéré, se retrouvent en juin ou en septembre collés aux examens et épuisés, pour un résultat nul.

Si vous passez un concours, votre gestion du temps devra être encore plus rigoureuse, éventuellement aménagée en accord avec le responsable pédagogique – notamment pour la prise des cours – et l'employeur. Essayez de vous arranger avec d'autres étudiants. Tous ne sont pas dans la compétition effrénée comme on le constate parfois aux concours de médecine.

Évidemment, dans ce cas, vos temps de loisirs seront certainement restreints. Mais c'est totalement envisageable et faisable si votre organisation est constante et régulière et surtout si vous pensez à des moments de détente (voir chapitre IV).

Cas des étudiants malades ou handicapés

Si vous avez des problèmes de santé temporaires, chroniques, ou si vous venez d'être victime d'un accident, il vous faut penser à intégrer le temps de traitement, de soins réguliers ou de rééducation dans votre organisation du temps. Des aménagements – y compris pour les examens – sont alors à discuter au coup par coup avec vos enseignants.

N'hésitez pas à les rencontrer et à les sensibiliser à vos problèmes. Faites-leur sentir votre désir de continuer vos études en veillant à perdre le moins de temps possible.

Si votre handicap est permanent, vous avez droit à des aménagements particuliers :

- accès au campus en voiture ;
- utilisation des ascenseurs de service ;
- place accessible dans l'amphi ou la salle de TP ;
- aide personnalisée.

Les différents handicaps donnent lieu, sur avis médical, à une autorisation de temps supplémentaire. Généralement, le temps de l'examen est prolongé d'un tiers.

Le handicap donne souvent à l'étudiant une force supplémentaire. Les étudiants handicapés apprennent, du fait de leurs difficultés :

- à comprimer au minimum les pertes de temps ; et
- à mettre en place une organisation à toute épreuve.

Très souvent, c'est une « leçon » pour les autres.

Cas des sportifs de haut niveau

Vous êtes un sportif de haut niveau. L'entraînement et les compétitions sont difficiles à intégrer dans un programme de préparation à un examen ou à un concours. Il vous faudra bien définir vos priorités : études ou compétition. Vous pouvez y arriver, mais attention à la surdose.

Pour les études et les examens universitaires, faites admettre vos particularités en rencontrant votre conseiller pédagogique, éventuellement vos professeurs. Cependant, attendez-vous à des difficultés certaines si vous sautez d'un groupe de travaux pratiques à l'autre. Et attention au retour de bâton de vos collègues si vous ne rapportez pas de médailles de vos déplacements !

Essayez d'utiliser vos temps morts en déplacements ou dans la chambre d'hôtel comme temps de révision. Cela diminuera votre trac, car votre esprit sera occupé. Le podcasting est désormais d'un grand secours. Enregistrez vos fiches et écoutez-les en vous détendant. Ne faites pas comme les joueurs de l'équipe de France de football qui se déconcentrent en écoutant des musiques excitantes !

Pas de bon ouvrier sans bon outil

Ne négligez pas l'organisation matérielle ! Elle peut faire ringarde quand on a 20 ans, pourtant elle implique d'abord un espace de travail bien aménagé. Préparez-vous à passer au numérique si ce n'est pas encore fait. Vous y gagnerez en temps et en organisation.

L'espace et son contenu. Ayez à disposition un espace de travail : selon votre situation familiale, il vous faut « réquisitionner »[1] :

- une chambre ;
- un bureau.

Faites-en « votre » espace ! Il est indispensable à votre concentration. Si vous vivez en famille, prenez la pièce la plus éloignée des espaces de vie. Autrement, achetez des boules Quies !

À vous de vous l'approprier et de l'organiser pour pouvoir travailler efficacement et agréablement. La table de travail doit être spacieuse avec :

- une pile pour les fiches à mettre au point ;
- une pile d'ouvrages à consulter ; et encore
- des piles ou des casiers bien différenciés par sujet à réviser.

Votre chaise demande un siège situé à bonne hauteur pour votre dos, sur lequel vous allez vous asseoir pleinement, pas sur un coin ! Si vous pouvez investir dans un siège réglable et des pieds à roulettes, n'hésitez pas.

L'éclairage doit être direct sur votre bureau, ni trop lumineux ni trop faible, pour éviter la fatigue visuelle.

Dans cette pièce, tout se doit d'être pratique, c'est-à-dire facilement accessible. Il est indispensable que vous trouviez rapidement vos données. Ce qui implique de l'organiser à l'optimum avec :

- des étagères comportant des classeurs, des dossiers ou des boîtes d'archives – au choix – situés toujours à la même place ;
- des classeurs, des dossiers ou des boîtes d'archives de couleurs différentes, chaque couleur correspondant à une épreuve ;
- d'autres étagères avec les livres indispensables, également rangés toujours au même endroit ;
- une réserve de matériel facilement accessible ;
- une horloge bien visible.

Quand vous êtes au travail, pensez à éteindre votre portable. Pas facile de se concentrer quand il vibre toutes les deux

1. Pour éviter les problèmes familiaux, expliquez à vos proches pourquoi il doit en être ainsi. Il vous faut un espace de concentration où tout vous est facilement accessible. Prenez le temps de mener cette négociation bien en amont...

minutes. Posez-le loin du bureau pour ne pas être tenté de l'allumer.

QUELQUES CONSEILS POUR ÉVITER D'ÊTRE DANS LA LUNE

Travaillez devant un mur plutôt que devant une fenêtre si vous vous pensez distrait. Si ce n'est pas possible, assurez-vous que votre position ne nuit pas à votre concentration.

Ne travaillez pas sur un lit. En revanche, ayez à proximité un endroit où vous détendre de temps à autre.

L'AIDE NUMÉRIQUE

Progressivement, vous serez amené à travailler directement sur un ordinateur, à la fois :

- pour prendre des notes ;
- pour gérer vos dossiers ;
- pour réviser.

Parfait si vous le faites déjà ! Autrement, il faudra vous y mettre pour le concours ou l'examen suivant.

Prenez de préférence un ordinateur portable pour l'avoir à la fois en cours et chez vous. Vous éviterez de perdre du temps à transférer vos données. Choisissez un écran qui vous permet de voir une pleine page, avec rétroéclairage, pour ne pas fatiguer votre vue et pour être en adéquation avec votre mémoire visuelle.

Nombre d'applications – dont certaines sont gratuites – existent « sur la Toile » pour enrichir votre prise de notes[1] :

- ajoutez-y des photos, des vidéos, des cartes, des plans ;
- partagez-les avec d'autres pour des prises de notes « corroboratives », comme on dit, c'est-à-dire en coopération.

Un moteur de recherche interne vous permettra éventuellement de retrouver vos fiches si vous n'êtes pas réglo dans leur rangement.

Organisez vos notes en dossiers virtuels, comme vous l'auriez fait pour les dossiers réels. Mettez en place une organisation à l'identique par épreuves.

---

1. Pour en savoir plus sur la confection des fiches de lecture, voir A. Giordan et J. Saltet, *Apprendre à prendre des notes*, *op. cit.*

Du mal à lire sur l'ordinateur ?

Certains étudiants ont du mal à lire une fiche directement sur l'ordinateur. Dans ce cas, imprimez-la sur papier, numérotez-la et mettez-la ensuite dans un classeur comme vous l'auriez fait pour des fiches papier.

Autre possibilité : achetez-vous un grand écran supplémentaire pleine page, ou, mieux, double page. Certes, c'est encore un investissement, mais quel gain de temps !

Les smartphones vous offrent de multiples fonctionnalités, notamment pour podcaster certaines fiches et les réviser pendant vos trajets. Même le simple appareil photo peut vous être utile pour scanner des documents à travailler ensuite. Utilisez l'option photocopie. Plus besoin de tout recopier consciencieusement à la bibliothèque[1].

La tablette va devenir dans peu de temps l'outil indispensable de révision.

Cahier de textes numérique

Nombre d'écoles, de prépas, se dotent d'un cahier de textes numérique. Il peut être facilement consulté, à partir de n'importe quel point connecté à Internet : ordinateur, mais aussi tablette numérique ou smartphone.

Il donne à l'étudiant l'assurance de trouver des renseignements clairs et précis. C'est un bon moyen de se rassurer pour les étudiants inquiets, et de renforcer la continuité entre ce qui est fait en classe et au-dehors.

L'enseignant peut y proposer des « savoirs plus », des exercices à faire, etc. Autant d'éléments qui peuvent contribuer à rendre le travail plus efficace.

TRAVAILLEZ L'ESTHÉTIQUE !

Sauf exceptions de plus en plus fréquentes, les candidats ne peuvent composer que sur le matériel d'examen mis à leur disposition durant l'épreuve : copies et papier de brouillon fournis par l'université ou l'institution organisatrice.

1. Pour en savoir plus, lire A. Giordan et J. Saltet, *Apprendre à apprendre*, Librio n° 831, 2011 (nouvelle édition).

Pour le reste, n'attendez pas le dernier jour pour préparer votre matériel supplémentaire nécessaire. Testez vos stylos au préalable sur un papier équivalent pendant vos révisions. Évitez un stylo qui bave. Le papier d'examen n'est généralement pas de bonne qualité. Prenez une couleur qui met en valeur votre écriture. L'esthétique de la feuille d'examen est très importante pour le correcteur.

Repérez si vous préférez un stylo à plume, un stylo à bille ou un stylo-feutre. Le stylo à bille est plus lent à l'écriture, le stylo-feutre ne doit pas être à pointe trop large.

Pensez à avoir :

- des recharges ou des stylos de remplacement ;
- des moyens pour effacer (blanc, effaceurs). Vérifiez au préalable ce qui est accepté et ce qui donne le rendu le moins désagréable.

Pour certaines épreuves, il est permis de souligner ou de surligner. N'hésitez pas à le faire discrètement si cela est admis. Par exemple, il n'est pas habituel de le faire dans les dissertations !

Pour les épreuves qui acceptent la calculette, vérifiez bien le type de modèle qui est accepté. Effacez bien vos antisèches pour ne pas qu'on vous les reproche. Surtout, entraînez-vous à l'avance durant vos révisions à son maniement pour être au top le jour J. Ne prenez jamais une calculette que vous découvrez pendant l'examen ou le concours.

Pour les épreuves professionnelles, vérifiez bien de quels logiciels vous pouvez disposer :

- texteur ;
- gestionnaire de fiches ;
- tableur ;
- logiciel de gestion comptable ;
- logiciel de gestion commerciale ; voire maintenant
- l'accès à Internet.

De même pour les outils de communication ou de programmation. Chacun de ces points a bien sûr été l'objet d'une préparation préalable intensive. Pas question de perdre du temps à tenter de comprendre ces « modes d'emploi » durant l'examen ou le concours.

IV

Savoir planifier ses révisions

De l'organisation à la planification, il n'y a qu'un pas. Du moins les deux sont complémentaires et intimement liées. Une fois réunis et organisés les principaux outils de révision, il devient important de déterminer les priorités entre les matières :

- celles à fort coefficient ;
- celles qui demandent beaucoup de mémorisation et celles qui nécessitent un entraînement.

Cela est déterminant pour votre planification du travail.

Les avantages de la planification

Planifier son temps pour réviser présente de nombreux avantages :

- d'abord, la planification vous donne un cadre – voire, elle vous cadre – pour réviser. En vous levant le matin, vous avez un programme à réaliser. Vous avez des objectifs à accomplir dans la journée. Rien de mieux pour vous pousser à vous lever d'abord et à entreprendre les révisions proprement dites ensuite ;
- les révisions n'ont rien de joyeux ! On n'a pas le plaisir de la découverte. On a en principe compris avant. Il faut juste engranger pour l'épreuve. Un emploi du temps peut vous aider à vous y mettre. Faites-en un jeu, si vous avez du mal au début : celui de tenir l'objectif du jour.

Ce planning vous donnera ainsi un rythme. D'autant plus facile à respecter que vous l'aurez choisi vous-même ! Cela permet une régularité qui est indispensable à une bonne progression et une bonne mémorisation de toutes les données – parfois indigestes – à « ingurgiter ».

On ne le dira jamais assez, sauf aux marathoniens de la veille, la planification entre pour une bonne part dans la réussite. Dressez donc un bilan des matières à apprendre et commencez par celles :

• qui réclament le plus de temps, notamment pour comprendre le contenu ;

• qui « paient le plus » : les forts coefficients.

Pensez aussi à organiser vos journées autour d'objectifs ni trop laxistes ni trop exigeants.

Planifier son temps de révision est très efficace, à quelques bémols près ! Pour y parvenir, il importe d'avoir un désir de réussir à toute épreuve. Si vous ne l'avez pas, il est essentiel de vous motiver (voir chapitre v). C'est basique !

Affirmer ses motivations

Avant de vous lancer dans la préparation d'un concours ou d'un examen, demandez-vous pourquoi vous le faites, réellement. Prenez un bain ou allez marcher (ou trouvez l'exercice rituel qui vous convient) et posez-vous les questions suivantes :

Est-ce que cela correspond vraiment à mon projet ? Si oui, lequel ? Projet professionnel, projet personnel, passage obligé pour exister, ou est-ce pour faire plaisir à mes parents, à mes proches ? Pour exister aux yeux de mes amis ?

Si vous avez un réel projet, pas de problème vous pouvez foncer. Si ce projet n'est pas le vôtre, essayez d'en discuter ou faites-en un jeu, un pari.

Les révisions au jour le jour, pas programmées, ne sont pas efficaces sur la durée. Elles ont pu faire illusion pour un contrôle durant votre scolarité. C'est un peu de travail « bonne conscience » pour faire semblant, pas pour réussir.

Le « planning révision » consiste en une organisation de votre travail :

• en heures par jour, pour les contrôles continus de l'université ;

• en jours et en semaines pour le bac et autres concours administratifs, sur au moins trois mois ;

• souvent en mois, semaines et jours, puis heures sur l'année, pour des concours un peu ambitieux, style agrégation, grandes écoles.

En d'autres termes, vous vous faites un emploi du temps très à l'avance. Votre planning doit être :

- le plus objectif possible, c'est-à-dire qu'il doit tenir compte de vos potentialités de travail ;
- pas trop contraignant, mais bien adapté à votre capacité de pensée ; et
- avec des temps de respiration pour tenir la durée.

Il est bien sûr adaptable en fonction du rythme mis en place et des résultats obtenus. Il doit monter en efficacité – pas en stress – au fur et à mesure que les épreuves approchent.

Comprendre les attentes des examinateurs

Vous l'avez compris (voir chapitres III et IV et l'introduction), tout commence en amont par la prise en compte de l'examen ou du concours et de chaque épreuve. Il vous faut décoder au préalable ce qu'on attend de vous. Parfois, quand on s'engage, on ne comprend pas tous les ressorts. C'est normal ! Au cours de l'année, si vous persistez à chercher ce qu'on attend de vous, tout va s'éclairer.

Ensuite, on établit son planning, en pensant à augmenter progressivement le rythme des révisions. Enfin, si c'est nécessaire, parce qu'on est dans l'urgence ou parce qu'on veut réussir à tout prix, on monte une opération de révision « commando ».

À l'université, les étudiants savent rarement comment fonctionnent les enseignements, et encore moins les épreuves d'examen. Pourtant, les cursus sont détaillés dans des « maquettes[1] » qui comprennent :

- les programmes ;
- les volumes horaires ;
- les coefficients ; et
- les modalités d'examens.

Il n'est pas toujours évident de se procurer ou de pouvoir consulter les maquettes. D'ailleurs, elles ne sont pas toujours appliquées à la lettre pour des raisons bien connues : manque

---

1. Il s'agit de fascicules qui expliquent l'intérêt de la formation, ses objectifs, et détaillent cursus, cours et épreuves d'examen.

de moyens matériels (crédits, locaux) et humains (enseignants qualifiés). Pourtant elles existent, et il s'agit de les rechercher, car elles donnent une idée sur « l'esprit » de l'examen.

Elles sont incontournables pour les premières années des facultés médicales. Si vous êtes dans une boîte de prépa, n'attendez pas tout de ces formations. Organisez-vous pour connaître par vous-même les épreuves.

Il en est de même pour les prépas aux grandes écoles. Dans ce dernier cas, nous vous renvoyons aux annales. Imprégnez-vous non seulement des épreuves, mais également des commentaires.

CONSEIL

Ne vous imposez pas d'entrée un rythme effréné que vous ne tiendrez qu'une semaine. Ensuite, vous serez saturé puis découragé.

Pour des plannings sur l'année, envisagez une demi-journée ou une soirée par semaine pour vous changer les idées.

Pour un planning horaire des derniers jours, imposez-vous chaque heure cinq minutes de relaxation ou toutes les trois heures quinze à vingt minutes de relaxation ou d'exercices physiques (voir chapitre VI).

Bien préparer ses révisions démarre donc dès le début de l'année scolaire. Et même avant. Pendant l'été qui précède, pour les concours type grande école ou l'automne précédent pour les concours qui ont lieu à l'automne, préparez-vous. Non pas à réviser, mais d'abord à préparer intelligemment vos révisions.

Commencez par repérer les disciplines et les épreuves au concours ou à l'examen. Pour chaque discipline, étudiez le programme demandé.

Prenez en compte :

• son coefficient[1]. Cela déterminera l'importance à y accorder en temps ou en exercices ; et

• le type d'épreuves à passer (dissertation, exercices, QCM, compte rendu, oral...) ; on ne révise pas de la même façon pour une épreuve écrite ou une épreuve orale, pour une épreuve par exercices ou une épreuve par dissertation.

Consultez les programmes, vous aurez un aperçu du contenu exigé et du type de savoirs demandé. Feuilletez les livres de préparation quand ils existent. Interrogez ceux qui viennent de réussir

1. Sans négliger les disciplines à faible coefficient (voir plus haut), il vaut mieux passer un peu plus de temps sur les disciplines « qui paient ».

pour connaître leurs trucs. Mais pas question de les imiter, trouvez vos propres solutions. Ceux qui ont échoué sont aussi intéressants à écouter. Vous pouvez repérer ce qu'il ne faut surtout pas faire !

La période des cours

Deux cas se présentent, toujours pour anticiper sur vos révisions :

• le prof est clair, compréhensible, il fait un cours structuré et complet ;

• le prof donne des infos, mais celles-ci se révèlent incomplètes ou partent dans tous les sens. Dans ce dernier cas, pas question de vous lamenter ! Il faut vous faire vos propres fiches (voir chapitre I).

N'attendez pas en tout cas le dernier mois avant le concours ou l'examen pour commencer à avoir la matière de vos futures révisions !

Difficile d'avoir un cours structuré et complet. Pour un examen universitaire, comme c'est souvent ce même prof qui vous fait passer l'examen, il sera content que vous lui redisiez ce qu'il vous a inculqué !

S'il s'agit d'un concours, le contenu « complet » peut ne pas être suffisant. Ce n'est parfois qu'un point de vue. Il peut en exister d'autres qui correspondent mieux à ce qui est attendu lors de l'épreuve. Vérifiez bien qu'il est dans la « ligne » de ce qui est demandé. Autrement, il vous faudra faire soit vos propres fiches, soit des compléments aux fiches réalisées à partir de la présentation du prof.

Pendant les cours, on est attentif. On essaie de noter au maximum, mais surtout on essaie de comprendre, et le message principal, et l'argumentation. Pensez concentration (voir chapitre VI). Le soir même, exceptionnellement le week-end, on reprend l'ensemble des cours. Tout est frais, on complète ce qu'on n'a pas eu le temps de noter. On cherche à comprendre, on repère les manques.

On ajoute les données manquantes en les cherchant dans le livre ou en se faisant passer le cours d'autres élèves, de ceux qu'on juge efficaces (notes claires, structure du cours bien établie).

Ensuite, on structure le savoir, on le hiérarchise, on surligne les points importants. On ajoute des détails qui l'illustrent. On se crée ses propres fiches éventuellement.

En maths, en sciences, en économie, on s'exerce en faisant les exercices. Dans les autres disciplines, on regarde dans les annales les sujets qui correspondent.

La planification des révisions

Pour réussir au bac, à un examen final, à un concours, il faut un entraînement longue distance !

Pas question de se mettre la pression d'entrée ! Mettez-vous au travail progressivement.

Faites-en plutôt une sorte de rituel ou un jeu. Comme un jeu de piste, donnez-vous des étapes et des objectifs précis à atteindre à chaque étape. N'essayez pas de tricher avec vous. Vous seriez perdant. Soyez objectif ! Demandez-vous si le but est bien atteint.

Avant les cours

On révise les cours des années précédentes par des exercices, des quiz ou des dissertations, suivant les épreuves. On anticipe sur les cours à venir (voir chapitre IV).

Au début de l'année

Les révisions continuent très en amont. Une semaine après le cours, ou juste avant le cours suivant dans la même matière, on revoit en quelques minutes ses fiches. On vérifie soigneusement qu'on a bien tout compris. On retient l'essentiel, on ne s'attarde pas pour le moment sur les détails.

Si, durant l'année préparatoire, il est prévu des contrôles, on cherche à mémoriser sérieusement, c'est-à-dire activement. Jamais passivement ! On essaie d'écrire ou de se dire à voix haute ce qu'il faut retenir.

On essaie de répondre à des questions possibles. N'hésitez pas à rechercher des livres de questions sur le sujet ou à demander les devoirs des années précédentes ou des classes parallèles du même prof.

Les vacances ne sont pas tout à fait des vacances

On profite des vacances (Toussaint, Noël, Février...), quand elles existent pour revoir le contenu des fiches. On en profite en particulier pour :

- travailler ce qu'on n'a pas compris ;
- compléter les informations manquantes ;
- faire des quiz pour savoir où l'on en est.

Le reste du temps, on fait des exercices ou des dissertations, c'est selon. Éventuellement, on peut faire des fiches de synthèse.

Les derniers mois

Deux à trois mois avant l'examen, suivant son importance (notamment pendant les vacances de Pâques pour le bac ou les grandes écoles), on reprend l'ensemble des matières et des fiches.

On revient calmement sur les points qu'on a oubliés ou qu'on ne comprend plus. On met l'accent sur la compréhension d'ensemble.

On récapitule la structure du savoir et les points capitaux, éventuellement en les écrivant. Cela permet de vérifier ensuite que l'on n'a rien oublié.

Pour cela, on se fait un planning de points à revoir par semaine et par jour. Utilisez au mieux les midis, les soirées et les journées libres.

On refait les exercices, on revoit les dissertations, on répond aux questions. On essaie de répondre rapidement, en s'imaginant en situation d'examen, face à une feuille ou face à une épreuve orale sans se stresser. Quand on n'y arrive pas, on met de côté pour se faire expliquer par un collègue ou un tuteur.

Faites-vous un planning jour par jour, semaine par semaine, de façon à pouvoir tout revoir et essayez de vous y tenir.

Les deux dernières semaines

Les deux semaines qui précèdent, on se remémore rapidement chaque cours avant de consulter ses fiches. On les parcourt toutes pour bien photographier leur contenu !

On mémorise maintenant des détails supplémentaires. Il peut exister pour certains concours des savoirs anecdotiques à connaître :

- liste de mots en usage ;
- liste de nerfs crâniens ;
- textes de lois ;
- liste des âges géologiques ; ou
- dates de références, etc.

On se donne des moyens mnémotechniques pour les engranger[1].

Quand vous commencez à saturer, faites des exercices. Ceux que vous avez du mal à faire.

Faites-vous un planning heure par heure, jour par jour, et essayez de vous y tenir. N'oubliez pas les temps de relaxation.

Les deux derniers jours

On revoit l'ensemble à grande vitesse. Quelques minutes par page ou par fiche. On ne s'inquiète plus, on ne panique pas. On positive et on fait au mieux. Tant pis pour ce qu'on n'a pas compris. On croise les doigts !

Surtout, on ne travaille pas la soirée. On reste au calme et on repose son cerveau au maximum. Pas de film et de musique brutaux ! Si vous vous sentez prêt et à l'aise, offrez-vous une dernière demi-journée « off ». Mais pas d'activité excitante, veillez au calme et au repos. En effet, pour être en pleine possession de vos moyens lors des épreuves, les batteries doivent être rechargées.

Pour ne pas stresser, faites quelque chose qui vous plaît, à condition qu'il n'y ait pas d'effort à fournir et pas trop de bruit ou d'animation :

- prenez un bain ;
- passez-vous un film divertissant qui ne vous prenne pas trop la tête !

Et couchez-vous très tôt la veille, en mettant deux réveils pour ne pas avoir le souci de la panne.

1. Voir A. Giordan et J. Saltet, *Apprendre à apprendre, op. cit.*

CONSEILS POUR ÉVITER L'ENNUI

Pour que cet entraînement ne soit pas un pensum :
- variez les types de mémorisation : alternez moments de répétition mécanique et moments de réflexion ;
- travaillez pendant des séquences courtes et intensives, suivies de multiples réactivations : cela évite la saturation et l'impression de « tout confondre » ;
- alternez les tâches pour éviter la lassitude et vous ménager des moments pour décompresser ;
- essayez de prendre de l'avance sur votre planning : des révisions soigneusement dosées ont un meilleur rendement que d'intenses coups de collier.

La préparation « commando[1] »

Certains concours, comme l'agrégation, les concours de grandes écoles, la première année de médecine demandent des préparations « de choc » ! Ce type de préparation peut être également utile à un degré moindre pour Sciences-po, les écoles d'ingénieurs ou de soins.

Si vous avez pris du retard ou si vous vous réveillez un mois avant l'examen, ce type de préparation peut être envisagé également pour le bac, les épreuves universitaires et les concours administratifs !

Le but d'une révision « commando » est :
- d'organiser son temps de travail personnel sans plus aucune perte de temps ;
- de revoir rapidement l'ensemble des points mal compris dans les épreuves de l'examen ou du concours ;
- de combler les lacunes pouvant encore exister ;
- de découvrir – si cela n'a pas été fait au préalable – des méthodes de travail efficaces ; voire
- de retrouver le goût du contenu par une approche plus globale des points essentiels ou par un défi.

Elle comporte :
- des moments seuls ; et...
- des moments avec d'autres :
  - un collègue de même niveau ;
  - un parent qui joue le jeu ;

1. Si le mot « commando » vous fait peur car trop militaire, parlez plutôt de « stage de révision intensif ». Parfois, tout est dans le choix du mot !

– éventuellement un répétiteur si vous souhaitez investir un peu[1].

Les ingrédients à réunir :
• un programme déterminé à l'avance ;
• des temps de compréhension et de mémorisation de fiches de révision ;
• des temps d'exercices ou de dissertation (à l'arraché !) ;
• des temps de restitution ;
• des temps de synthèse.

Cas d'une opération commando avec un groupe d'élèves ou d'étudiants et un prof

Le premier jour, le professeur et les élèves choisissent ensemble les épreuves et les chapitres à traiter de manière prioritaire durant la semaine. Un programme avec des moments en commun et d'autres à la carte commence. Le prof peut faire un rapide rappel de l'essentiel et des bases. Pas question de faire à nouveau un cours (maximum quinze minutes), on va à l'essentiel de ce qu'il faut connaître. Il propose des quiz pour évaluer le niveau de chaque élève afin d'établir des groupes homogènes de deux personnes maximum.

Chaque séance, d'une durée totale de deux heures, commence par des exercices de difficultés croissantes et se poursuit par des rappels sur les difficultés observées. On fait cinq à dix minutes de relaxation et on reprend pour une autre épreuve. La journée de révision intensive dure au moins dix heures pour le bac et les concours administratifs ! Quinze à seize heures pour médecine ou les grandes écoles.

Des moments à la carte permettent aux élèves, dans un temps donné, de réviser leurs fiches. On ne passe à l'étape suivante que lorsque l'on a compris et que l'on sait faire ! On appelle le prof quand on a une difficulté.

Quand on commence à être au point, on se fait interroger par son condisciple. On change éventuellement de séance en séance. On ne perd pas son temps, on garde le rythme, on met de côté ce qu'on ne comprend pas pour demander ensuite aux profs ou aux autres élèves. Expliquer à quelqu'un d'autre n'est

1. Certains professeurs, dont un des auteurs, organisent ce genre de pratique pour leurs élèves ou étudiants.

pas une perte de temps. C'est souvent en expliquant à d'autres que l'on apprend.

L'apprentissage passe par la répétition d'exercices adaptés. Le professeur peut toujours corriger l'exercice type au tableau après avoir laissé un temps de réflexion individuelle. La plupart du temps, il passe de groupe en groupe ou auprès de chaque élève pour l'aiguiller dans son travail, répondre à ses questions.

Avant de se quitter, on fait le point.

Le programme commando

Le programme est planifié à l'avance ; il est soutenu. On évite au maximum les pertes de temps. Quand on se sent saturé, on fait un moment de relaxation ou d'exercice physique.

Pour le bac, consacrez six heures par jour à vos révisions pour commencer. Vous monterez en puissance ensuite (au moins dix heures). Pour les concours, démarrez par au moins dix heures pour arriver à quinze à seize heures. Donnez-vous, dans tous les cas, un programme de révision, à concocter en fonction de vos difficultés et des coefficients des épreuves.

Par exemple :

- commencez tout d'abord par une demi-heure d'étude de votre 1re langue vivante, puis poursuivez par trente minutes de votre 2e langue. Votre planning de révision doit bien sûr être élaboré en fonction du concours ou de l'examen et de vos coefficients par épreuve. Travaillez pendant deux heures votre matière principale dont quarante minutes de révision et une heure vingt d'exercices. Consacrez ensuite une heure et demie par matière. Vous vous fixerez un nombre de chapitres à l'heure par rapport à une épreuve à faire ;
- n'oubliez pas qu'il est primordial de s'imposer des pauses entre chaque matière. Vous arriverez, ainsi, à faire une rotation des matières sur deux jours sans vous lasser ni vous déconcentrer.

Des temps de compréhension et de mémorisation de fiches de révision

Bien sûr, le travail de compréhension aurait dû être anticipé. Si ce n'est pas le cas, rien n'est perdu. On ne se lamente pas, on fait face ; quitte à mettre les bouchées doubles.

Commencez par revoir vos fiches et cherchez enfin à les comprendre. Avancez au mieux en laissant de côté les points que vous ne comprenez pas pour vous faire expliquer le soir par un copain ou un tuteur. Vous n'avez plus le temps de faire des recherches ou seulement à dose homéopathique !

Essayez de vous donner un rythme en fonction de ce que vous avez à réviser.

Des temps d'exercices

Avalez les exercices, questions à traiter ou dissertations d'annales. Faites-les pour les réussir, éventuellement en style télégraphique. Si vous ne trouvez pas, laissez décanter, vous y reviendrez. Si rien ne marche, lisez alors la correction, en essayant de la comprendre et de la refaire.

Donnez-vous des questions types correspondant aux éléments notés sur votre fiche et illustrez-les par des exercices à apprendre par cœur.

Des temps de restitution

Révisez une dizaine de fiches, puis notez rapidement en style télégraphique tout ce que vous avez retenu :

- l'essentiel du message à retenir ;
- les données ;
- les illustrations (cartes, graphes...) ;
- les formules et les symboles.

Ensuite, reprenez vos fiches et comparez. Repérez ce que vous avez oublié ou éludé. Si un détail vous a échappé, notez-le sur la feuille. Deux cas :

- « Je le savais, mais cela m'a échappé ! » ;
- « Je ne l'avais pas compris ».

Sur ce dernier point, reprenez votre cours et relisez attentivement les parties qui ne vous disent rien. Ce sont ces dernières que votre mémoire n'a pas assimilées. Mettez éventuellement un Post-it pour y revenir rapidement à un autre moment.

Faites ces temps à deux en vous interrogeant mutuellement ou faites-vous interroger par un parent ou un tuteur.

De temps à autre, sur une feuille blanche, donnez-vous (à deux) un sujet d'épreuve et essayez de répondre cette fois en situation d'examen. Lisez ensuite ce que l'autre a répondu, éventuellement discutez-en dans un temps limité.

Des temps de synthèse[1]

Faites des fiches de synthèse. En maths, en physique, regroupez et triez les données en dégageant l'essentiel de votre cours : définitions, théorèmes, propriétés, formules à retenir. Complétez par des schémas, symboles ou figures.

Faites de même pour les dates et les repères en histoire, les données économiques en géographie ou en économie, et même les « définitions » en littérature, etc. Sans oublier les fiches qui structurent un cours avec les idées essentielles qui, en quelques mots, résument la substance. Bien entendu, rien ne vous empêche de glisser ici et là quelques exemples afin d'illustrer le propos. Tout est bon pour faciliter votre attention et votre mémorisation et, cerise sur le gâteau, enrichir la copie d'examen !

Une fiche de synthèse n'est pas un simple recopiage de cours, mais une mise en page intelligente et sélective des informations à retenir. Comme son nom l'indique, elle doit être synthétique ! Pour faciliter la mémorisation, employez toujours les mêmes codes (couleur, soulignage, surlignage, mise en forme…).

Et revoyez plusieurs fois ces fiches de synthèse les derniers jours.

N'oubliez pas, si vous avez des oraux, des entretiens à passer, de prévoir des temps pour :

- suivre l'actualité ;
- passer des oraux blancs pour gagner de l'assurance ;
- consulter les magazines, papiers et numériques, les blogs.

Pour les concours administratifs, consultez les dernières normes, réglementations ou les derniers décrets en vigueur.

Sur ce plan également, faites des jeux de rôle pour vous entraîner : l'un est le candidat, l'autre le jury et on change de rôle.

Enregistrez-vous et quand vous sentez la fatigue le soir, visionnez ces bandes pour vous regarder, répondre et éventuellement chercher comment remédier aux problèmes.

En cas de panne

Si vous avez des pannes, ne pensez pas qu'il existe « la » solution à tous vos problèmes ! Il n'y a aucune baguette magique

1. Il aurait été bon de faire ces fiches tôt dans l'année. Lors des dernières révisions, ne faites que les plus importantes. Vous risquez d'y passer un temps trop précieux. Il est alors plus important de les parcourir pour les mémoriser.

en la matière. En revanche, il existe des solutions possibles qu'il vous faut connaître et adapter à votre tempérament et à la situation.

1. Votre problème est la mémorisation des matières et des fiches successives ; vous vous demandez quelles sont les stratégies les mieux adaptées à l'assimilation des contenus.

Avant de vous mettre à étudier un cours, un chapitre, c'est-à-dire avant d'en commencer la lecture (perception visuelle du texte), demandez-vous :

- quels sont les points qui doivent retenir mon attention ?
- quelles questions peuvent être posées à l'examen ?

Déjà, ces simples interrogations peuvent vous éviter un travail bête et peu rentable.

Pour mieux utiliser votre mémoire à court terme et votre mémoire de travail, il est important d'avoir retravaillé vos notes de cours, le plus tôt possible après le cours. En tout cas avant le cours suivant.

Recherchez en particulier les mots clés qui véhiculent des informations dont vous mémorisez le sens et qui peuvent être reliés entre eux d'une façon logique.

Dès que votre mémoire à court terme est saturée, il faut répéter les informations afin de favoriser leur assimilation. Pour cela, vous pouvez fermer les yeux et vous écouter parler à voix haute ou encore écrire en style télégraphique le contenu de chaque point. Ne faites pas confiance à une pseudo-sensation de connaissance. La restitution orale ou écrite est une aide très efficace pour faciliter la mémorisation. Elle fixe les idées avec la précision nécessaire. Vous pouvez également associer des mouvements, mais plutôt discrets si vous voulez vous appuyer sur eux durant les épreuves.

Pour mieux utiliser votre mémoire à long terme, vous prendrez appui sur un plan de cours, un schéma organisateur, un résumé de cours, une fiche de révision. Avec ces supports bien maîtrisés, vous saurez où rechercher l'information et surtout comment la restituer.

Pour faciliter la mémorisation à long terme, procédez comme pour la mémoire à court terme. Entraînez-vous par des réactivations dans des conditions le plus proches possible de l'examen et en échelonnant les rappels sur plusieurs jours, plutôt que plusieurs matraquages sur une seule journée.

2. Votre problème est la restitution de l'information. Ce point demande la plus grande vigilance. Ne vous contentez pas de retrouver l'information et de la livrer. Posez-vous la question de savoir si vous devez tout retranscrire ou faire un tri selon le type de sujet susceptible de vous être posé. Surtout, mettez-vous en condition d'épreuve. C'est dans ce contexte que vous devez être performant. C'est sur ce plan qu'on cale le plus souvent quand le stress augmente.

Faites des entraînements à partir des sujets des années précédentes. Lors de la lecture attentive, vous devez retrouver les titres des chapitres ou des subdivisions des chapitres et les mots clés associés. Ce rappel doit déclencher le retour vers vos supports de références, vos synthèses, vos questions préparées ou vos notes traitées.

Maintenant, à vous d'adapter ces connaissances à l'attente de l'enseignant si vous êtes à l'université, de ce que vous connaissez du jury pour les concours. Certains aiment retrouver leurs cours ou leurs livres, d'autres souhaitent que vous les mettiez en perspective. Il faut vous convaincre que cette réflexion sur le contexte des épreuves a toute son importance et qu'elle conditionne votre apprentissage, la mémorisation et sa réactivation.

3. Votre problème est la concentration. Pensez à fractionner les périodes de révision pour conserver une concentration et un niveau d'attention élevés, et à intercaler de courtes pauses. Posez-vous des questions sur votre niveau de motivation (voir au début de ce chapitre et chapitre v) ou sur votre estime de soi (voir chapitre v).

4. Votre problème est la confusion entre les épreuves. Lorsque vous travaillez vos épreuves, faites attention aux risques de confusion et d'interférence entre les matières étudiées. Évitez d'apprendre à la suite deux cours assez semblables. Faites une brève pause entre chaque révision d'épreuve. Pourquoi n'utiliseriez-vous pas la méthode des trente secondes[1] ?

1. Si vous n'êtes pas au fait de cette approche, voir A. Giordan et J. Saltet, *Apprendre à apprendre*, *op. cit.*, ou *Coach College*, Play Bac.

La méthode « 4 temps »

Une méthode très efficace que nous avons testée à plusieurs reprises est une approche progressive, avec une montée en puissance en quatre temps :

• Phase 1. C'est une étape de compréhension, quasi immédiate après le cours. Elle permet d'engranger le maximum de connaissances et de les situer alors que le cours est encore bien présent « en tête », avec tous les à-côtés que l'enseignant a pu apporter. Elle doit déboucher sur des fiches de cours cohérentes, bien présentées et complètes.

Elle permet de s'entraîner sur des exercices.

• Phase 2. Elle se situe trois mois avant l'examen. Elle doit permettre de revoir et de se remémorer toutes les fiches dans leurs grandes lignes et idées principales. L'utilisation d'un plan écrit ou la récitation à haute voix des parties principales est alors d'une grande aide pour une mémorisation plus active. Pensez à faire des quiz ainsi que des exercices pour connaître votre niveau.

• Phase 3. Elle a lieu deux semaines avant l'épreuve. Toutes les fiches sont revues à une vitesse plus rapide. Cette fois, les détails sont également assimilés et remémorés. L'utilisation d'un plan écrit ou la récitation à haute voix des parties principales est toujours une aide importante. Gardez le rythme en ce qui concerne les épreuves comportant des exercices ou des questions, en en faisant quelques-unes.

• Phase 4. Une dernière révision, à très grande vitesse, peut encore avoir sa place deux jours avant l'échéance. Elle permet une dernière fois de se mettre en tête quelques détails difficiles et de renforcer une sorte de mémoire visuelle des idées. Pour les exercices difficiles, lisez les solutions et essayez de vous les mettre dans la tête…

Enfin, si vous avez su gérer votre temps, ménagez-vous une coupure d'au moins une demi-journée entre l'ultime révision et l'examen ou le concours. Vos connaissances seront à leur place dans votre mémoire à long terme, sans sensation de télescopage et d'écrasement et vos batteries se seront rechargées.

Bonne chance !

V

Développer sa confiance en soi et se remonter le moral en cas de difficulté

On est bien d'accord, réviser est souvent pénible, surtout pour passer les examens et les concours tels qu'ils sont envisagés. Ce qui veut dire qu'il faut :

- une forte motivation pour passer ces épreuves ; et
- une bonne confiance en soi pour y parvenir avec succès.

Ces deux compétences sont souvent considérées comme innées : « On est motivé », « On naît motivé » ! On a ou on n'a pas confiance en soi. Rien de plus faux. Certes, on peut avoir des prédispositions qui sont le fruit de notre histoire personnelle. Mais ces ressorts d'une réussite quasi assurée peuvent se travailler à tout âge.

Bien sûr, le plus tôt est le mieux. Ce sont de bons sujets à travailler pendant l'année qui précède les épreuves. Mais même dans l'urgence, au pied du mur, vous pouvez faire face !

Développer sa motivation

La motivation est devenue dans le discours éducatif une « force » quasi magique. Elle permettrait à l'étudiant de comprendre et de réviser en dépassant, sans barguigner, les difficultés propres à ces démarches. C'est là que le bât blesse, et pour plusieurs raisons. D'abord, parce que la motivation renvoie à l'imaginaire du « bon étudiant », ce que trop d'enseignants ont été ; dès lors, ils ne comprennent pas que leurs étudiants puissent ne pas aimer ce qu'eux ont aimé. Ensuite, parce que la motivation est aussi bien une affaire de « besoin » que de « volonté »[1].

1. Les psychologues behavioristes qui ont promu ce terme limitent l'apprentissage à un simple conditionnement, or les nouvelles idées sur ce sujet montrent qu'il est aberrant d'en rester là.

Sans doute vaudrait-il mieux remplacer « motivation » par « désir d'apprendre », à condition qu'on écarte la « gangue » psychanalytique qui a limité cette expression. Mais ne nous arrêtons pas à des soucis de vocabulaire ! Ce qui importe pour faire des révisions efficaces est que l'appétit et la dynamique à mettre en place soient au rendez-vous. Tous deux sont le « moteur » de l'apprentissage et du succès attendu. Sans ces paramètres, pas de révisions pertinentes ! Dès lors, les questions qui doivent vous interpeller sont :

- comment puis-je faire naître en moi ce désir de vouloir vraiment réviser ? Pas facile de se mettre au travail !
- comment le garder ensuite, puisque les révisions n'ont de sens que sur la durée ?

Le désir d'apprendre ne se donne pas par un simple coup de baguette magique. L'envie est :

- un phénomène à la fois très simple – « la tête du prof me plaît, j'apprends pour lui faire plaisir » – et en même temps
- hypercomplexe à déclencher.

Concrètement, comment susciter ce désir en moi ? Il y a des pistes que vous pouvez exploiter. Il vous faut juste accepter que celles-ci sont :

- individuelles. Il vous faut donc chercher à travers les propositions ci-après celles qui vous correspondent ; et
- complexes, systémiques, voire paradoxales. Ce qui veut dire que vous ne réussirez pas du premier coup – donc pas de découragement immédiat – et qu'il vous faudra sans doute sortir de vos habitudes.

Petit test de motivation pour réviser

Pour commencer, posez-vous quelques questions sur votre niveau de motivation à réviser. Entourez les réponses qui vous correspondent.

- Réussir ce concours ou cet examen :

1. Vous tient vraiment à cœur.
2. Est important pour vous.
3. Vous semble moyen.

- Quand vous pensez à vos révisions, vous vous sentez :

1. Débordant malgré tout d'énergie.
2. Angoissé, anxieux.
3. Complètement abattu.

• Quand vous envisagez de réviser, vous vous sentez :
1. Un super héros.
2. Normal.
3. Plutôt dilettante.

• Sur une échelle allant de 0 à 10, à combien évaluez-vous votre envie de réviser :
1. Plus de 8.
2. Entre 6 et 8.
3. Entre 0 et 5.

• Pour vous, si vous révisez plus, cela vous donnera :
1. 99 % de chances de réussir.
2. 75 % de chances de réussir.
3. Peu de chances de réussir.

• L'image qu'évoquent au mieux pour vous les révisions, ce serait plutôt :
1. Un parcours du combattant, type Koh-Lanta.
2. La traversée du désert.
3. Une plage au soleil.

• Sur une journée de vingt-quatre heures, vous pensez pouvoir réviser :
1. Dix heures.
2. Deux heures.
3. Trente minutes.

• Vous ne réussissez pas la première année :
1. Vous persévérez, même si cela vous oblige à « repiquer » pour un an, vous devez y arriver.
2. Vous réfléchissez à la manière d'obtenir autrement le résultat recherché.
3. Vous laissez tomber. D'autres buts vous semblent plus accessibles.

Si vous n'avez que des 1, vous pouvez commencer vos révisions sans tarder. La motivation est là. Profitez-en !

Si vous n'avez que des 3, laissez tomber. Vous allez perdre votre temps. Essayez autre chose qui vous motivera plus.

Si vous avez surtout des 2, il vous faut, avant de commencer les révisions, travailler votre motivation. Recherchez en vous ce qui pourrait vous donner le désir de réviser pour réussir. La suite de l'ouvrage peut sans doute vous y aider.

Comment se donner le désir de réviser ?

Comme pour tout désir, tout part de l'intérieur de chaque personne. L'enseignant ne peut rien à la place de l'élève. Celui qui révise est « auteur » de son propre parcours. Il peut accepter des pratiques scolaires très rébarbatives :

- quand il est passionné par un sujet ;
- parce qu'il a une visée : réussir une chose à laquelle il croit ou qui va lui apporter un « plus ; ou
- parce que la situation présente une signification particulière pour lui.

Intéressé, passionné, c'est selon, il peut travailler par lui-même, s'investir, donner de sa personne. Regardez par exemple le jeune faire du skate ou du roller. Il tombe, se fait mal, recommence des milliers de fois la même tâche. Celle-ci n'est plus perçue comme un exercice simplificateur ou rébarbatif ; et elle fait sens d'entrée.

Une activité, pour être vraiment « désirable » et que vous vous investissiez à fond, doit répondre :

- soit à un besoin ; les besoins de base : manger, se protéger étant habituellement assouvis, il vous faut aller chercher en vous ce qui peut vous faire bouger[1] :
  - exister ;
  - posséder ;
  - gagner de l'argent ;
  - jouir ;
  - pouvoir ;
  - être reconnu, etc.
- soit à ce que nous nommons un projet d'être (« être le premier » ou « parmi les premiers », « être un gagnant », etc.) ou à un projet de faire (« réussir ce concours pour... », « avoir une revanche sociale », « répondre à une attente familiale », etc.).

Dans les deux cas, essayez de trouver ce qui peut vous « pousser » à réviser.

Les sources du désir d'apprendre sont multiples, nous ne pourrons les citer toutes ici, mais vous en trouverez quelques-unes dans le schéma ci-après.

---

1. Ce qui peut vous faire bouger peut être une combinatoire entre ces éléments.

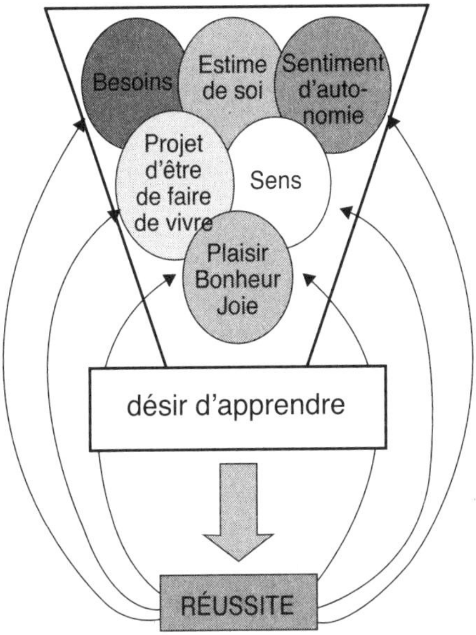

© A. Golay, G. Lagger et A. Giordan, *Comment motiver le patient à changer ?*, Maloine, 2009.

Ces sources sont spécifiques à chaque personne. Recherchez donc les vôtres et n'hésitez pas à vous révolter de temps à autre quand la pression devient vraiment insupportable !

BON DE COLÈRE

EN CAS DE CRISE,
FROISSER
VIOLEMMENT
ET JETER PAR TERRE

PAS D'UTILISATION PROLONGÉE SANS AVIS PSYCHIATRIQUE

Ensuite, quelques points d'appui peuvent vous redonner du désir. La dynamique de la révision est « désirable » si :

- elle donne l'occasion de faire des choix : choisissez bien les examens et les concours que vous voulez passer[1] ;
- elle conduit à des questions plutôt qu'à des réponses : dans un premier temps, n'en restez pas à la simple ingurgitation de fiches à la chaîne, prenez un peu de temps pour comprendre l'intérêt des questions traitées, laissez-vous un peu de marge pour creuser les points qui vous intéressent ;
- elle présente de la nouveauté plutôt que de l'habitude : faites-vous un programme de révision différent chaque jour ;

ou si :

- l'individu se sent largement autonome : faites votre propre programme de révision.

D'autres approches peuvent s'appuyer sur le besoin d'identité que possède chaque personne. Sur des sujets rébarbatifs, comme les opérations, les symétries, les figures géométriques en mathématiques, les savoirs « passent » mieux si vous vous identifiez à certains moments aux personnages qui ont travaillé ces savoirs, aux questions que ces derniers se posaient ou aux circonstances dans lesquelles ils les ont produites.

Enfin, pour vouloir aborder une révision, l'étudiant a besoin :

- de trouver du sens à ce qu'il fait (ce sens peut être direct, lié au contenu lui-même ou indirect, avoir un projet...) ;
- de ressentir un « manque » dans son existence.

Par exemple, pour mieux réviser le cerveau en médecine, un étudiant peut se convaincre qu'il n'a pas suffisamment de pouvoir sur lui-même ou sur ses capacités propres. Il ne sait pas ce qui se joue dans sa tête, ses connaissances sont insuffisantes pour le faire vivre, et par là, « il rate des trucs ». Connaître le cerveau n'est plus une accumulation de notions style neurones ou neuromédiateurs ; c'est un passage obligé pour atteindre ses désirs ou pour réaliser ses projets.

1. Ces derniers doivent correspondre à quelque chose chez vous. Si vous les passez pour faire plaisir à vos parents, il vous faut ensuite assumer les efforts nécessaires...

CONSEILS POUR COMBATTRE L'ENNUI

Quand les révisions sont vraiment trop rébarbatives pour v parce que la discipline ne vous plaît pas, faites-en un jeu de « qu tions-réponses » par exemple, pour faire passer la pilule.

Imaginez tout ce que vous pourrez faire ensuite quand vo aurez fini l'épreuve. Vous pouvez même l'envisager comme un dé celui de réussir. En tout cas, trouvez quelque chose pour ne pa rester à rêver sur votre fiche !

La confiance en soi

Des révisions efficaces demandent également un optimum de confiance en soi ! Le doute constant sur ses capacités constitue un frein considérable. Si vous vous demandez :

- « Suis-je à la hauteur ? »
- « Vais-je y arriver ? »

il vous faut de toute urgence travailler votre confiance en soi. Autrement vous risquez de craquer à la première difficulté, et quand on révise, il y en a forcément.

Pour travailler sur la confiance, attention aux fausses solutions. Ne vous laissez pas flouer par les publicités que vous trouvez sur Internet :

> *« Enfin une méthode vraiment efficace pour acquérir, développer ou retrouver une solide et profonde confiance en soi. »*
> *« Oui, développer la confiance en soi, c'est possible ! En quatre heures de formation, dispensée par des formateurs certifiés, vous apprendrez facilement trois techniques… »*

Ces méthodes ou ces techniques ne sont utiles vraiment que pour ceux ou celles qui les ont mises au point ! S'il y avait une méthode pour acquérir automatiquement la confiance en soi, cela se saurait ! La confiance en soi peut se trouver parce que quelqu'un vous a dit un mot qui vous a vraiment interpellé et qui a provoqué un changement de comportement. Pour d'autres, un cursus complet est nécessaire parce que la confiance a été perdue très jeune, parce qu'un père était trop présent ou trop demandeur ou parce qu'une mère ne vous a jamais fait confiance au quotidien. Dans ces cas, il vous faut d'abord couper avec vos racines. Du moins celles qui vous ont

…nfiance en vous et parfois même l'estime de …

…ser par un geste symbolique. Il vous faut couper …douloureux, et d'abord en prendre conscience : …vez-vous senti la première fois que vous perdiez … vous n'étiez pas à la hauteur ? … vous perdiez confiance, à quoi cela vous renvoyait-…

…usement, chacun d'entre nous a tout le potentiel en lui …staurer ou renforcer sa confiance en soi. Il s'agit de se …er du pouvoir sur soi-même et de croire en sa capacité à …ace aux événements d'une formation. Facile à dire, mais …nent y parvenir ?

…ifficile de régler une telle démarche par des recettes venues …l'extérieur, car il s'agit d'un travail à faire sur soi-même. Il …t seulement possible de vous fournir des pistes, des idées ; à …ous de les saisir. Pour l'essentiel, tout dépend de vous. Parlez éventuellement à quelqu'un en qui vous avez toute confiance [meilleur ami, conjoint] de ce manque de confiance qui vous pourrit la vie. Demandez-lui un avis honnête et écoutez vraiment ce qu'on vous répond. Consultez un professionnel (coach, psychologue, etc.) seulement si vous n'arrivez vraiment pas à avancer.

Pourquoi la confiance en soi est-elle essentielle ?

Parce qu'elle permet :

- de ne pas être stoppé par la peur de ne pas y arriver ou par celle de l'échec ; et
- d'accepter et d'utiliser les critiques que l'on reçoit.

Comment améliorer sa confiance en soi ?

D'abord, ne jamais se lamenter ! Mettez en place une démarche de changement ; et pour commencer, il vous faut dépasser une série d'évidences erronées :

- croire que si « les révisions ne donnent rien, n'avancent pas », « c'est votre faute », « je ne suis pas bon », « pas à la hauteur ». Ces difficultés sont votre point de départ ; qu'est-ce que vous pouvez entreprendre pour les dépasser ?
- croire qu'on ne peut rien faire : « je suis coincé », « acculé » « c'est trop compliqué », « je n'ai pas les moyens ». Qu'est-ce

que je peux introduire comme « plus » à mon niveau avec mes possibilités ?

• croire que le problème est résolu parce qu'on va voir un spécialiste de la confiance ou qu'on s'inscrit dans une formation *ad hoc*. Ce peut être un palliatif. Mais attention aux solutions « bonne conscience ». Ici aussi, tout dépend de vous. Si vous ne travaillez pas sur vous, rien ne se passera. L'autre ne peut être qu'une ressource, qu'un « plus ».

Ensuite, c'est tout un processus à mettre en place. Il passe par une série d'étapes. Celles-ci cependant ne sont pas linéaires. Il vous faut parfois revenir au point précédent. Par exemple, quand rien ne marche ou que vous vous sentez revenir en arrière : ne perdez pas vos moyens ! Ne dites pas : « Je suis nul ». Dites plutôt : « J'ai fait un faux pas » et demandez-vous pourquoi. Tirez de cette non-réussite sur vous un avantage en travaillant sur vos supposées erreurs. Et pour commencer, pensez : « Ma personne n'est pas en cause, je ne suis pas encore au point. Je vais apprendre de mes erreurs[1]. »

1. Prenez conscience de vos ressources et de vos qualités

La confiance en soi dépend du degré de conscience de vos qualités. Chacun de nous possède des ressources et des capacités. Seulement, faute de connaissance de soi – on travaille rarement ces aspects au lycée, à l'université ou en formation – et surtout faute du savoir-faire nécessaire, on ne sait pas utiliser ce gigantesque potentiel. On ne voit plus que ses défauts – ceux qui nous font rater !

Dans un premier temps, essayez de lister tout ce que vous savez faire ; et pas seulement sur le plan de la formation traditionnelle en liaison avec l'examen ou le concours :

« Je sais danser le hip-hop », « le charleston », « la java » ;

« Je sais coudre », « tricoter », « crocheter » ;

« Je sais dribbler », « Je suis un super avant-centre » ;

« Je suis spécialiste du couscous », « de la paëlla », « de la fondue chinoise », etc.

1. Rien n'est immédiat, vous n'allez pas vous redonner confiance en une journée. Il y aura toujours des retours en arrière : des moments où vous recommencerez à douter de vous. Rien de grave, considérez ces reculs comme normaux : on ne change pas de comportement immédiatement. Prenez-en conscience et repartez de l'avant.

Concentrez-vous sur vos succès, vos grandes réussites, quel qu'en soit le domaine. Notez chaque semaine ensuite sur un petit carnet toutes vos réussites, petites ou grandes. Les jours difficiles, on peut s'y replonger pour regonfler sa confiance.

Regardez les échecs que vous avez déjà réussi à surmonter. Les échecs peuvent être très riches en apprentissage, si on sait en tirer parti. N'attribuez pas tous vos ennuis à vos difficultés scolaires ou de formation. C'est une solution de facilité, qui vous empêche souvent de voir où sont vos vrais problèmes. Vous n'avez pas réussi votre oral ? La raison n'est-elle pas à chercher dans le faible entraînement fourni pour travailler votre voix ou votre argumentation, plutôt que dans votre manque de confiance en soi ?

Rebondir, une qualité de plus en plus recherchée en milieu professionnel

Dans des situations complexes, comme celles qu'on rencontre de plus en plus souvent au niveau professionnel ou au quotidien, il n'est plus rare de ne pas faire d'erreur, de ne pas rencontrer de difficultés. Affronter les obstacles, dépasser ses erreurs est devenu une compétence indispensable. Profitez de vos formations et de la période des révisions, notamment la première phase, celle où on apprend, celle où on essaie :

- pour apprendre à faire face aux erreurs et aux difficultés ;
- pour tenter d'en comprendre l'origine, les causes ; et
- pour tenter de les dépasser, soit en les anticipant, soit en les contournant, soit en les surmontant.

2. Soyez positif

Parlez de manière positive de votre vie ainsi que des projets que vous tentez d'accomplir. Les pensées négatives érodent petit à petit la confiance en soi. Ce n'est pas en se traitant de « nul » à tout bout de champ que l'on pourra être confiant. Il faut essayer d'évacuer ces pensées négatives et s'entraîner à penser de façon positive et à s'encourager.

Pour commencer, arrêtez de douter de vous. Libérez-vous d'une certaine culpabilité : celle-ci est un véritable poison qui sape votre confiance. Prenez le temps de repérer, dans votre enfance, les moments où vous avez perdu confiance. Essayez de comprendre pourquoi. Était-ce un parent ? Un prof ?

CONSEILS POUR LES JOURS DE DÉPRIME

Il est des jours pendant les révisions où rien ne va, rien ne marche, on n'arrive à rien. « Tous les exercices m'ennuient. » Ne restez pas sur cette impression. Cela suppose de ne pas se laisser envahir par le doute ou la déprime.

La première chose à faire est de se poser. On peut :

- prendre une tasse de thé, un verre de jus de fruits ;
- prendre un bain ;
- aller faire un tour ; ou
- mettre une musique qu'on aime tout particulièrement.

On évitera tous alcools, médicaments et excitants. Bien installé, on écoute son histoire :

- qu'est-ce qui bloque : est-ce personnel ? est-ce l'autre ? est-ce qu'on s'y est mal pris ?
- qu'est-ce qui « ne marche pas » ? Notamment quelle erreur fait-on ? Et pourquoi ?

Posez-vous ces questions sans vous juger immédiatement ou vous censurer. C'est le début de ce qu'on appelle « s'occuper de soi pour comprendre ». On essaie de tirer parti de ses erreurs. On réfléchit sur ce qu'il faudrait faire à la place. On constate :

- ses manques – notamment de préparation – d'une part ;
- l'état de ses ressources d'autre part.

Si c'est trop difficile tout seul, n'hésitez pas alors à en parler à un(e) ami(e). Exceptionnellement, si tout va mal et que cela dure, prenez conseil auprès d'un professionnel. Une aide ponctuelle peut permettre de passer un cap qu'on croyait infranchissable.

S'occuper de soi est un préalable à des révisions efficaces. Nous avons tous des limites et des difficultés. N'en faisons pas un rituel de vie. S'occuper de soi, c'est apprendre à devenir soi, en équilibre dynamique entre ses valeurs, ses choix et, malgré tout, les contraintes sociales.

3. Donnez-vous de petits objectifs

Pour commencer à vous redonner confiance, donnez-vous de petits objectifs, facilement atteignables :

- « être capable de revoir une fiche en vingt minutes », puis en quinze ou dix minutes seulement ;
- « savoir réaliser *x* exercices à l'heure ».

N'hésitez pas à vous récompenser chaque fois. À chaque petit succès sur vous, donnez-vous une petite récompense et n'oubliez pas de vous féliciter. Et pour commencer, regardez-vous dans la glace et dites-vous quelque chose comme : « Je suis fier que tu y sois arrivé. »

Placez cette affiche contre un mur.
Lorsque vous aurez fait du bon travail,
collez votre dos dessus pendant
quelques secondes pour vous
féliciter.

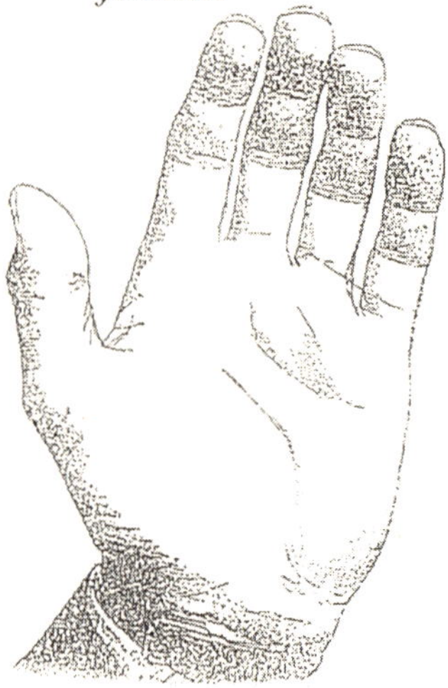

4. Choisissez votre entourage

Plus vous serez valorisé, plus vous gagnerez en confiance. Souvent, la confiance en soi est défaillante parce que vous vous êtes mal entouré. Demandez-vous si votre entourage n'est pas pervers, ne vous utilise pas comme bouc émissaire. Ne vous fait-il pas porter ses problèmes ? Choisissez des amis qui vous acceptent tel quel et qui ne prendront pas plaisir à vous rabaisser. Ne faites pas de vos supposés problèmes la pièce maîtresse de votre conversation.

L'ESTIME DE SOI

Avoir une bonne confiance en soi résulte souvent d'une bonne image de soi – en d'autres termes d'une « estime de soi ». Une estime de soi élevée est un « plus » pour les révisions. Une personne ayant une bonne estime personnelle retient plus facilement ; et pour commencer, elle objective ses difficultés pour les dépasser. Elle peut puiser en elle les ressources internes lui permettant de mieux appréhender les difficultés à dépasser[1].

Une bonne estime de soi produit une « énergie » constructive et adaptative qui permet à la personne de s'ouvrir au nouveau, à l'inconnu, à l'autre dans sa différence.

A contrario, ne pas avoir été bien « armé » en la matière conduit à douter en permanence de soi. La personne se fait du mal, se « dégoûte » même parfois ; et les révisions en pâtissent[2].

Dernier conseil : à chacun sa méthode

À chacun sa méthode, celle qui vous permet d'avancer. On a chacun une personnalité et une histoire différentes, donc il n'y a pas de panacée. Il faut trouver – voire inventer – celle qui vous convient. Cela ne veut pas dire rester dans son coin. L'autre peut vous donner des idées pour sortir de ce que vous êtes. C'est aussi cela apprendre sur soi.

Anticipez sur les épreuves, faites plutôt ce travail sur vous l'année précédant les épreuves.

---

1. Ne perdez pas vos moyens face aux obstacles. Au contraire, tirez-en un avantage en travaillant sur vos erreurs. Mais pour cela, il vous faut une bonne confiance en vous pour vous dire : « Ma personne n'est pas en cause, je ne suis pas encore au point. Je vais apprendre de mes erreurs. »
2. Pour en savoir plus sur l'estime de soi et la confiance en soi, voir A. Giordan et J. Saltet, *Apprendre à apprendre*, *op. cit.* (dernier chapitre).

VI

Mettre son corps au service des révisions

Réviser, c'est bien, mais pour être efficace, encore faut-il avoir l'énergie et l'endurance. Être bien dans son corps et dans sa tête, c'est donc primordial pour arriver confiant(e) le jour J aux épreuves ! Plusieurs points concernant le support de votre mémoire (votre cerveau) en particulier et votre corps en général sont donc à surveiller, et parmi eux veillez en premier :

- au sommeil et aux pauses ; et
- à l'alimentation.

Bien sûr, gérer le stress est également une nécessité.

Le sommeil et les pauses

Pour tenir la durée des révisions, le sommeil est primordial. Il est réparateur pour votre cerveau et ce n'est jamais une perte de temps ! Pendant que vous dormez, le cerveau structure votre mémoire, organise vos connaissances. Bien sûr, il ne peut le faire que si vous lui avez facilité la tâche le jour, notamment si vous l'avez bien nourri en savoirs pas trop déstructurés !

Évitez de prolonger vos révisions tard dans la nuit : couchez-vous dès les premiers signes de fatigue.

Pourquoi dormir ?

Pour bien réviser, le cerveau a besoin de phases de repos. Le sommeil est donc la phase la plus importante pour la révision ! Il agit à deux niveaux :

- au niveau de la relaxation ; durant le sommeil, le cerveau produit des neurotransmetteurs (des messages qui vont agir sur tous les organes) qui relaxent le corps ;

• au niveau de la mémorisation: pendant le sommeil, votre cerveau reconstruit ces réseaux neuroniques. C'est à ce moment-là que vous retenez réellement !

Prenez le temps de dormir, ce n'est jamais en pure perte. Bien sûr, comme pour tout ce qui est physiologique, il y a un optimum à trouver. Si vous dormez beaucoup trop, neuf à onze heures suivant les individus[1], vous risquez d'être fatigué(e) ! Trouvez votre optimum, habituez-vous éventuellement en période de grande révision à dormir un cycle en moins. Mais cela implique de vous y être entraîné l'année précédente.

Devenez le maître des cycles !

Le sommeil comporte plusieurs cycles qui se répètent quatre à six fois suivant les personnes dans la nuit. Un cycle de sommeil varie entre quatre-vingts et cent minutes.

Le sommeil est favorable si les cycles se succèdent harmonieusement. Il n'y a pas de règle absolue concernant le nombre de cycles nécessaires à une bonne récupération: certaines personnes se sentent bien avec trois cycles par nuit, pour d'autres il en faudrait six. Une phase de chaque cycle est appelée le sommeil paradoxal, c'est le moment des rêves. Bien que cette phase du sommeil ne soit pas encore parfaitement comprise, on suppose qu'elle est essentielle au processus de la récupération mentale. Pour bien récupérer, il importe de ne pas se réveiller durant cette phase. Il vaut mieux dormir une phase de moins.

Essayez de repérer la durée de vos cycles.

Pour connaître la durée exacte de ces cycles pour vous, essayez un jour de vacances. Vous estimez l'heure de votre endormissement, vous regardez l'heure de votre réveil.

Si vous êtes autour de six heures, vous êtes à quatre cycles.

Si vous êtes autour de sept heures et demie, vous êtes sur cinq cycles.

Si vous êtes autour de neuf heures, vous êtes sur six cycles.

Puis, vous divisez par quatre, cinq ou six pour connaître la durée d'un cycle. Ainsi, vous pouvez prévoir combien de temps dormir les jours de révision. Vous mettez votre réveil en fonction.

---

1. Permettez-vous en période d'intenses révisions une fois par semaine neuf heures de sommeil, si ensuite vous êtes parti pour quatorze heures de travail.

Exemple : si vous avez dormi sept heures et demie, vos cycles sont de une heure et demie (90 minutes).

Si vous avez dormi sept heures dix > cycles de 1 h 26

Si vous avez dormi sept heures cinquante > cycles de 1 h 34

Si vous avez dormi huit heures dix > cycles de 1 h 38

Si vous avez dormi neuf heures, vos cycles sont également de une heure et demie.

En semaine de révision, il vaut mieux que vous vous réveilliez après sept heures et demie ou six heures de sommeil.

Si vous avez dormi dix heures, vos cycles sont de 1 h 40.

La semaine de révision, vous pouvez vous réveiller après huit heures vingt de sommeil. Ou six heures quarante si vraiment vous avez beaucoup de travail !

Pourquoi des pauses ?

Votre cerveau ne peut assimiler et mémoriser efficacement plus de une heure et demie d'affilée, surtout en période de grandes révisions, moment rébarbatif s'il en est ! Pour éviter une surchauffe, ne rechignez pas à ponctuer vos sessions de travail avec de petites trêves cérébrales.

Quand vous révisez intensément plus de dix heures dans une journée, fermez les yeux pendant cinq minutes toutes les heures et faites le vide. Ce n'est pas non plus du temps perdu, cela vous permet de tenir le rythme plus longtemps.

Et pourquoi pas des siestes ?

Dopez votre cerveau avec de petites siestes ! Largement adoptée en Asie ou dans le sud de l'Europe, la sieste reste encore taboue en France. Pourtant elle est reconnue pour :

- régénérer la dynamique du cerveau ;
- améliorer la mémoire, la concentration ;
- augmenter la créativité.

Grâce à son potentiel apaisant, la sieste diminue sensiblement le stress.

Une « bonne » sieste, ce n'est pas plus de vingt minutes. Les dépasser aurait un effet contraire. Mettez un réveil éventuellement au début. Ensuite, ce sera automatique.

Commencez par des siestes de dix minutes. Pour vous aider à vous relaxer, écoutez de la musique douce ou podcastez une émission de France Culture.

Et si la sieste est trop rébarbative, parce que cela vous rappelle votre enfance, accordez-vous à la place du temps pour faire des activités physiques. Pour maintenir votre corps en harmonie et en dynamique, pensez à associer à toute sollicitation intellectuelle intense un effort physique.

N'allez pas dans un club de fitness, vous perdriez trop de temps pour vous déplacer. Faites des mouvements chez vous, allez courir autour de votre immeuble. Si vous avez le privilège de posséder un jardin ou une piscine, allez arroser les plantes, arracher quelques mauvaises herbes pendant dix minutes ou nager quatre à cinq allers-retours.

Ne vous limitez pas à de telles prescriptions uniquement pendant la période de vos examens. Pensez à introduire ces pratiques ensuite dans votre profession au quotidien. Et pourquoi pas, faites-en une composante de votre art de vivre !

L'ALIMENTATION

Voilà l'autre facteur essentiel à ne pas négliger pour la santé du cerveau et du corps. Ceux-ci s'entretiennent et fonctionnent grâce à ce que vous mangez ! Pensez que votre cerveau, y compris la nuit, engloutit le tiers de l'énergie nécessaire à votre corps. Par ailleurs, il a besoin des meilleurs « morceaux » de votre alimentation pour régénérer ses tissus nerveux ! La bouffe pour lui, c'est capital !

De quoi le cerveau a-t-il besoin ?

Plus vos repas seront variés et riches en éléments nutritifs, mieux votre cerveau sera en état de marche ! Que lui faut-il ? Chaque jour, il a besoin :

- de protéines de qualité ;
- d'acides gras essentiels ;
- de glucides (sucres) complexes ;
- de vitamines ;
- de minéraux ; et
- d'oligo-éléments, des substances en quantités infimes, mais indispensables.

Les céréales complètes, le poisson, les graines cuites comme les lentilles, les fèves, les haricots blancs, rouges, verts, noirs, les pois cassés, le soja, les pois chiches[1] apportent une richesse incomparable d'éléments nutritifs favorables au cerveau, particulièrement des protéines, des minéraux, des vitamines, des antioxydants et des fibres.

Les acides gras essentiels jouent un rôle de premier plan pour votre cerveau, surtout quand il est en surfonctionnement, comme il peut l'être pendant la phase de grandes révisions qui précèdent les épreuves. Pour un fonctionnement optimal du cerveau, il est nécessaire de respecter un parfait équilibre entre deux acides gras essentiels :

- les oméga-3 : ceux-ci peuvent provenir des poissons gras (saumon, sardine, thon, maquereau, hareng) ;
- les oméga-6, assez abondants dans les « gras » d'origine végétale.

Les noix et les graines sèches, particulièrement les amandes, les graines de lin, de citrouille, de tournesol, apporteront d'autres types d'acides gras. L'huile d'olive riche en gras monoinsaturés est un autre aliment favorable à la santé de votre cerveau. Recherchez les aliments les plus riches en antioxydants, qui sont la meilleure arme pour lutter contre les effets des radicaux libres[2].

Recherche antioxydants désespérément !

Les aliments qui contiennent le plus d'antioxydants, par 100 grammes de poids, sont les :

- pruneaux ;
- raisins secs ;
- bleuets ;
- mûres ;
- chou frisé ;
- canneberges ;
- fraises ;
- épinards crus ;
- framboises ;
- choux de Bruxelles.

---

1. Faites-les cuire vous-même ; en boîte, ils perdent beaucoup de leurs propriétés.
2. Les radicaux libres sont des molécules qui, si elles ne sont pas neutralisées par des antioxydants (vitamines, enzymes, minéraux), endommagent les constituants des cellules ; ils sont à l'origine de diverses maladies, de cancers entre autres. Le mode de vie (tabac, pollution, soleil, pesticides, stress, alimentation déséquilibrée riche en sucres et graisses…) favorise leur production.

En plus, veillez aux vitamines. Les vitamines A, B, E et C contribuent à l'épanouissement de notre système nerveux. Pas la peine de les acheter en pharmacie. Une alimentation bien équilibrée vous les apporte directement. Elles sont de meilleure qualité et beaucoup moins chères !

• La vitamine B1 : elle permet l'utilisation du glucose à partir duquel le cerveau tire pratiquement toute son énergie. Une carence en vitamine B1 se caractérise par des signes de fatigue. La viande de porc, le foie de veau, les œufs, les pois, les lentilles, les haricots secs et les céréales complètes contiennent de la vitamine B1. Attention, cette vitamine est sensible à la chaleur.

• La vitamine B5 : elle intervient dans les réactions permettant la libération d'énergie à partir des glucides et des acides gras. La vitamine B5 est présente dans le jaune d'œuf, le saumon, la pastèque...

• La vitamine B6 : sa concentration est cent fois supérieure dans le cerveau que dans le sang. La vitamine B6 participe à l'élaboration des neuromédiateurs. Les aliments les plus riches en vitamine B6 sont le saumon, le foie, les haricots blancs, les pois chiches et les lentilles.

• La vitamine B9 : elle participe à la fabrication des cellules nerveuses. Les aliments riches en cette vitamine sont le foie, les œufs et les légumes verts, le maïs, les pois chiches, les amandes et les châtaignes. Les folates sont sensibles à l'oxydation et à la cuisson. En revanche, ils sont protégés par la vitamine C.

• La vitamine B12 : elle participe également à la régénération du système nerveux. La vitamine B12 est présente dans les produits d'origine animale : produits laitiers, œufs, viande, crustacés.

• La vitamine A : elle intervient sur la vision. Vous en aurez bien besoin. Les carottes, épinards, fraises, brocolis, poireaux, tomates et le cresson sont tous riches en vitamine A.

Si vous ne tenez pas compte de ces quelques recommandations – à adapter à votre sauce ! – votre cerveau commencera à vous le faire savoir. Les maux de tête seront pour vous un bon indicateur. Certains maux de tête sont directement dus à une alimentation peu adéquate, pas assez abondante, ou à une trop grande saturation. Ne foncez pas directement sur l'aspirine ou le paracétamol.

Ce que votre cerveau n'aime surtout pas en période d'intenses révisions[1]

En période de révisions, surtout quand elles commencent à devenir intenses, essayez de vous passer :

- de l'alcool ; un verre de vin ne pose pas de problème, il peut même légèrement vous euphoriser pour dépasser un moment difficile. Mais pas plus et pas souvent. Juste pour une petite fête dans le mois comme respiration, parce que vous pourrez dormir un peu plus longtemps ensuite ;
- du café ; à des doses faibles (une à deux tasses, au petit déjeuner et à midi par exemple), on constate des effets positifs :
  - une augmentation de la vigilance ;
  - une sensation de bien-être ;
  - un certain dynamisme, une meilleure concentration.

Mais à partir de quatre tasses à la suite, les effets sont très négatifs : anxiété, tremblements, irritation, accélération du rythme cardiaque ou même problèmes digestifs. Essayez plutôt le thé, à dose raisonnable. Le thé vert à la menthe est le plus riche en antioxydants.

- des acides gras saturés ; attention à une alimentation trop riche en viande, en sauce et en produits laitiers ;
- du tabac : il n'est bon pour rien ! Les dommages au cerveau sur la durée après l'âge de 20 ans sont particulièrement impressionnants. De plus, le fait de fumer tend à augmenter les dommages au cerveau qui sont occasionnés par la consommation d'alcool ;
- des sucres simples également, comme le saccharose des morceaux de sucre. Ceux-ci provoquent des pics glycémiques suivis de baisses parfois importantes. Ces variations brusques du taux de sucre sanguin ne sont pas appréciées par votre cerveau.

Attention aux faux dopants : café et clope

Les fumeurs, les buveurs de café affirment qu'ils peuvent mieux réfléchir quand ils fument ou boivent du café. C'est une illusion due au fait que le manque de nicotine ou de caféine

---

1. D'autres éléments ne sont pas appréciés par votre cerveau : la pollution de l'air, de l'eau et des aliments par certains éléments toxiques, particulièrement les métaux lourds que l'on retrouve de plus en plus présents dans notre environnement.

peut se traduire par des difficultés de concentration. À méditer : si le fumeur ou le buveur devenait non-fumeur/non-buveur pour de bon, ce problème de concentration disparaîtrait avec les effets néfastes sur le cerveau.

Fumer ou boire un café permet certes une respiration[1], un moment de détente dans son travail. Mais pourquoi ne pas se donner d'autres moments de détente : cinq minutes de relaxation ou d'activités physiques à la place ?

Pourquoi tout ce stress ?

Le stress ressenti durant vos révisions n'est pas mauvais en soi. Un peu de stress vous aidera le jour des épreuves à être plus performant. Le problème est le stress permanent durant l'année ou pendant la période de révisions intenses. En effet, quand la situation est inquiétante – attendre ou passer une épreuve – et par manque de confiance en soi, le corps se met à produire de l'adrénaline pour l'aider à mieux gérer la situation. Les effets de cette hormone sont instantanés :

- accélération du rythme cardiaque ;
- augmentation de la tension artérielle ;
- contraction des muscles des bronches et des vaisseaux sanguins.

Malheureusement, quand ce stress se maintient trop longtemps, le corps s'épuise. Il vous faut parvenir à canaliser ou au moins à contrôler cette montée d'adrénaline. Ceux qui y arrivent réussissent à exceller dans les situations délicates. Si vous vous laissez dominer par ce stress pendant les révisions, difficile d'aller au bout. Pas de découragement, essayez de dédramatiser la situation, de vaincre vos angoisses, éventuellement en travaillant sur vous. Prenez déjà un peu de temps quand vous sentez la tension monter pour faire de la relaxation.

Petit test pour savoir si vous êtes stressé(e)

Si vous rencontrez un de ces problèmes dans les semaines de révision, c'est peut-être que vous êtes trop stressé :

1. En période d'intenses révisions, c'est parfois le seul temps qu'on s'accorde pour soi. C'est pourquoi l'on y tient fermement.

- mal de dos persistant, courbatures ;
- problèmes pour vous endormir ou réveils nocturnes ;
- fatigue, même au réveil ;
- trous de mémoire ;
- mal de ventre ;
- humeur maussade, perte du sens de l'humour ;
- anxiété ;
- accélération de la respiration ;
- irritabilité ;
- changements brusques d'humeur ;
- crises de larmes soudaines ;
- inquiétude, angoisse, panique ;
- maux de tête ;
- baisse de la libido ;
- difficultés de concentration ;
- indécision.

CONSEILS POUR LUTTER CONTRE LE STRESS

Pour essayer de vous déstresser pendant vos révisions :

- pensez trente secondes à quelque chose de positif : un bon souvenir, un fou rire, une blague, une personne que vous aimez, quelque chose à faire après les épreuves ;
- respirez profondément par le ventre ;
- pratiquez un exercice de relaxation (voir ci-après) ;
- faites du sport ou pratiquez une activité physique ;
- faites une sieste ;
- parlez de vos soucis à quelqu'un ou écrivez-les ;
- jouez avec votre animal de compagnie, si vous en avez un ;
- riez le plus souvent possible !

Surtout, évitez de :

- consommer une drogue pour vous calmer, et notamment du tabac, du cannabis ou des tranquillisants. Toutes sont néfastes pour la santé, et empirent la situation, même quand elles donnent l'impression contraire ;
- grignoter, surtout des aliments très riches en sucres ou en graisses. Remplacez-les par un verre d'eau, une tisane ou à la limite par un fruit ou un laitage ;
- vous décourager. Acceptez ce moment difficile, sans vous lamenter, essayez de repérer ce qui est positif dans votre vie et cherchez en permanence des solutions.

Se relaxer pour déstresser

Mieux vaut apprendre à rester zen ! Car c'est la manière dont nous percevons un événement qui en fait un stress négatif. Faites-en plutôt un défi à relever. En parallèle, faites quelques exercices de relaxation.

Il faut vous allonger sur un tapis ou sur de la moquette dans un lieu pas trop froid. Commencez par respirer calmement. Mettez votre main sur le ventre et essayez de respirer par le ventre. Ensuite, chacun des mouvements suivants doit être fait lentement :

1. Inspirez en contractant les muscles des jambes et expirez en relâchant la pression.
2. Pliez les coudes. Contractez en inspirant calmement et relâchez en expirant les deux mains, puis les biceps (les muscles avant des bras). Prenez le temps de reprendre la respiration entre deux mouvements.
3. Contractez et ensuite relâchez le front. De même avec les mâchoires. Remontez puis laissez retomber les épaules. Toujours avec la même respiration.
4. Bougez la tête (lentement) d'un côté à l'autre, d'avant en arrière, puis en cercle.
5. Massez-vous très lentement le tour des yeux, huit fois comme le font les étudiants chinois. Toujours en inspirant et en expirant calmement.

Une respiration profonde est d'une grande efficacité pour chasser le stress. Elle favorise une meilleure oxygénation du cerveau. Pour bien respirer, après avoir fermé les yeux, inspirez profondément par le nez, ensuite, évacuez lentement l'air contenu dans les poumons par la bouche. Cette évacuation de l'air est plus lente que l'inspiration. Faites ce petit exercice chaque fois que vous sentez le stress monter en vous pour le vaincre.

VII

Les principaux obstacles

Vous avez du mal à vous y mettre :

Vous avez des difficultés à mémoriser :

Cherchez en vous de « bonnes » raisons d'apprendre :
- plaisir de connaître
- réussir une épreuve
- choisir une profession
- faire plaisir aux parents
- avoir une promotion
- autres…

On retient mieux si on a un projet sur ce qu'on veut retenir, notamment si on sait à quoi et pourquoi le savoir acquis va servir plus tard.

On retient mieux quand ce qu'on mémorise constitue une réponse à une question que l'on s'est posée.

On retient mieux ce qui nous plaît, nous émeut ou nous sert.

Vous mémoriserez mieux si vous cherchez à comprendre d'abord et si vous faites des liens avec ce que vous connaissez déjà.

Vous mémoriserez mieux si vous organisez les informations sur des fiches claires et hiérarchisées.

Essayez de repérer votre forme de mémorisation dominante :
- visuelle
- auditive
- kinesthésique

Entraînez-vous à jongler entre ces différentes façons de mémoriser.

Tous les jours, exercez-vous en mémorisant quelques fiches. Plus on « muscle » sa mémoire, mieux on mémorise.

Vous avez du mal à distinguer les priorités pour être plus efficaces dans vos révisions:

Vous ne savez pas comment vous y prendre, comment vous y mettre:

Avant de commencer vos révisions, prenez connaissance de comment vous allez être évalué :

- la nature précise des épreuves (écrit, oral, travaux pratiques, dossier...) ;
- le programme complet couvert par le concours, l'examen ou la formation ;
- les rituels de l'épreuve.

Cherchez à connaître comment se déroulent les épreuves : le temps à disposition, mais également les conditions particulières.

Assurez-vous de posséder les derniers programmes.

Déterminez les priorités entre les matières :

- celles à fort coefficient ;
- celles qui demandent beaucoup de mémorisation et celles qui nécessitent de pratiquer des exercices.

Bien réviser demande une bonne organisation en temps. Essayez de vous fixer des temps par exercices ou matière et ensuite respectez-les.

Pour éviter la lassitude et la fatigue, équilibrez les travaux faciles et difficiles, attrayants et ennuyeux. Le mieux est de commencer par ce que vous avez le moins envie de faire.

Ne négligez pas l'organisation matérielle :

- un espace de travail bien aménagé,
- une table de travail spacieuse avec des étagères bien organisées

En sus, éteindre son portable et sa boîte mail.

Vous souhaitez améliorer votre entraînement pour passer un examen ou un concours comportant de multiples épreuves :

Un tel examen et concours demande un minimum d'organisation dans le temps. Avant les cours, vous révisez les cours des années précédentes par des exercices, des quiz ou des dissertations suivant les épreuves.

Les vacances ne sont pas tout à fait des vacances, quand elles existent pour revoir le contenu des fiches.

Deux ou trois mois avant l'examen suivant son importance (notamment pendant les vacances de Pâques pour le bac ou les Grandes Écoles), vous reprenez l'ensemble des matières et des fiches. Faites-vous un planning jour par jour, semaine par semaine de façon à pouvoir tout revoir et essayez de vous y tenir.

Les deux semaines qui précèdent, on se remémore rapidement chaque cours avant de consulter les fiches. On les parcourt toutes pour bien photographier leur contenu ! Vous mémorisez maintenant des détails supplémentaires par des moyens mnémotechniques pour les engranger.

Quand vous commencez à saturer, faites des exercices. Ceux que vous avez du mal à faire... N'oubliez pas les temps de relaxation.

La veille, on revoit l'ensemble à grande vitesse. Quelques minutes par page ou par fiche. Surtout on ne travaille pas la soirée. On reste au calme et on repose son cerveau au maximum.

Et vous vous couchez très tôt la veille...

Vous avez appris, mais vous avez des problèmes à retrouver vos connaissances lors de l'épreuve :

L'oral vous fait peur…

Lorsque vous révisez, mettez-vous en situation de l'épreuve que vous allez passer et Entraînez-vous :

- soit comme une épreuve écrite,
- soit comme un oral,

Répondez aux questions comme si vous étiez à l'examen.

L'oral demande de s'exercer sur des compétences particulières propres à ce type d'exercice : qualité de l'expression orale, contenu de l'expression, argumentation, capacité à convaincre, clarté de l'expression, tonalité, gestuelle, présence, dynamisme, qualité de la relation avec le jury (capacité à rebondir, humour mais discret).

Travailler ces points seul ou à deux ou trois, sous forme de jeux de rôle, en se fixant des questions à tirer au sort et en s'enregistrant. Assistez aux oraux d'autres élèves, pour mieux comprendre ce qui sera attendu de vous, et mieux connaître les pièges à éviter.

Travaillez votre look ; restez proche de la supposée norme, pas de provocation : piercing et catogan à éviter, jupe et cravate souvent « obligatoires ».

Lors des préparations, observez :

- votre façon d'entrer, de vous asseoir : attendre qu'on vous y invite...
- votre façon de dire bonjour : « Bonjour Madame, Bonjour Monsieur » et « au revoir ». Ne tendez pas la main, attendez qu'on vous la tende.
- votre respiration et votre transpiration : attention aux rougissements !

Vous avez appris mais vous ne savez pas utiliser vos connaissances pour résoudre un problème de maths ou de physique :

Vos révisions vous fatiguent beaucoup. Vous avez du mal à tenir la distance :

Vous n'êtes jamais sûr de vous et du travail de révision effectué :

Dans ces disciplines, il ne suffit pas d'apprendre les formules ou les lois, il vous faut multiplier les exercices pour comprendre ce qu'on peut vous demander, pour vous habituer à faire des démonstrations en mathématiques ou savoir argumenter les questions de physique.

Pour vous entraîner :

- faites les divers exercices de votre livre,
- achetez les annales des épreuves des années précédentes ou faites-vous passer les épreuves des années précédentes.

Réviser efficacement est un travail de longue haleine qui demande d'être bien dans son corps et dans sa tête. Attention au burn-out...

Pensez sommeil, il est réparateur pour votre cerveau. Capital, il structure la mémoire, organise les connaissances.

Dopez votre cerveau avec de petites pauses (5 minutes par heure, 20 minutes 2 à 3 fois par jour)

Ne négligez pas l'alimentation. Plus les repas sont variés et riches en éléments nutritifs, mieux le cerveau est en état de marche !

Attention à l'alcool, au café, au tabac et aux drogues...

Évitez le stress permanent :

- apprendre à respirer par le ventre, à se relaxer ou
- se faire masser.

Ne vous lamentez pas, même si cela ne « marche » pas : l'erreur, l'échec fait partie du processus.

Toujours positiver : on essaie de comprendre pourquoi : où ont été les obstacles, les incompréhensions ? et on recommence en se donnant de petits objectifs à dépasser.

Une estime de soi élevée est un « plus » pour les révisions. Elle permet :

- d'objectiver ses difficultés pour les dépasser ;
- de puiser en soi l'énergie permettant de mieux appréhender les difficultés à dépasser ;
- de rechercher plus facilement les ressources indispensables et les personnes qui pouvant accompagner.

Prenez conscience de vos ressources et de vos qualités, et pour commencer, hors de l'épreuve.

Conclusion

Pourquoi doit-on réviser autant ? En principe pour ancrer ses connaissances dans la mémoire à long terme, et ensuite les mobiliser pour briller dans les épreuves d'un concours ou d'un examen. Or, pour réussir à un concours ou à un examen, il vous faut certes savoir, savoir beaucoup ; mais en plus il faut « savoir... savoir » ! En d'autres termes, il devient indispensable de savoir utiliser vos connaissances engrangées, de la manière attendue par votre jury. Tout dépend de lui !

Et de plus en plus souvent – ce n'est malheureusement pas encore suffisamment installé, notamment dans les concours des grandes écoles, de médecine ou de la fonction publique –, on ne vous demande pas seulement des connaissances académiques, on juge également des compétences : être curieux, critique ou encore avoir une ouverture sur l'environnement. On attend de vous également de savoir mobiliser et optimiser tous vos savoirs et vos compétences. Ce qui signifie qu'en plus de la mémoire il vous faut :

- développer présence d'esprit, jugement critique, confiance en vous ; et
- savoir gérer intelligemment et sereinement vos compétences et surtout vos lacunes.

Alors pensez que réviser, c'est certes de la mémoire, mais c'est également beaucoup de savoir-faire. Et pour cela, entraînez-vous !

Pour bien réviser, et vous éviter le stress et les efforts désespérés de dernière minute, il vous faut évaluer paisiblement à l'avance le programme sur lequel porteront les épreuves et le temps dont vous disposez effectivement, et non celui que vous voudriez avoir dans l'idéal. Soyez pragmatique ! Pensez qu'une journée n'offre tout au plus que seize heures effectives – au grand maximum – de temps de révision. Puisque au minimum vous devez dormir six heures ; une heure pour petit-déjeuner,

déjeuner et dîner et une heure encore pour vos pauses et un brin de toilette ! Et cela les jours où vous n'avez pas à vous déplacer, où vous n'avez pas de cours et pas de famille ou de relations sociales à gérer !

Établissez donc objectivement votre programme de révision : estimez le temps pour réviser une fiche, faire une série d'exercices et planifiez votre emploi du temps de révision en fonction de vos capacités. En tout cas, faites le point en période de grandes révisions sur l'état de votre avancement, n'attendez pas les dernières heures qui doivent être celles du repos, sans le stress de ne pas avoir tout vu !

Ensuite, calez-vous bien sur les priorités de l'épreuve, pas les vôtres ! Surtout, essayez de neutraliser les tentations du bas monde pendant une période. Autrement dit, il vous faut vous « discipliner » : écartez préventivement tout sujet de distraction, mettez de côté les préoccupations familiales et sociales. Pour réussir un concours ou un examen un peu délicat, il vous faut mener une vie monacale ! D'ailleurs, certains monastères ont compris l'enjeu et offrent ce type de prestation. Dites-vous que ce n'est que temporaire ; vous en profiterez ensuite toute votre vie. L'entrée dans une grande école, un succès à l'agrégation, l'accession à un emploi de cadre dans la fonction publique vous donnent ensuite trente à quarante ans de latitude ou presque !

N'oubliez pas de commencer vos révisions de façon panoramique. Ne vous perdez pas dans les détails au début, essayez de comprendre l'essentiel, de façon à mettre en place une structure dans votre tête. Puis procédez par cercles concentriques pour aller vers les détails, puis les détails de détails : ces petits plus à ne pas oublier de mettre en avant pour valoriser votre grande culture[1] !

Et maintenant, au travail ! Pensez à ce que vous allez faire ensuite de votre réussite[2]. Cela peut vous motiver à mieux réviser !

---

1. Si vous êtes obligé de laisser des sujets de côté, essayez de vous faire une idée de ce dont il s'agit et qu'il faudrait savoir. Cette connaissance minimale permet parfois de s'en sortir quand même, notamment à l'oral, si vous savez mettre en perspective et attirer le jury vers ce que vous connaissez !
2. Et si ce livre a été utile à votre succès, n'hésitez pas à envoyer un mot aux auteurs ! Indiquez-leur en quoi il vous a été profitable.

Petits récapitulatifs, chapitre par chapitre

Chapitre I

Apprendre à réviser pour réussir est un vrai métier… On n'improvise pas ses révisions. Réviser, c'est certes de la mémoire, mais c'est d'abord beaucoup de savoir-faire. Et pour cela il faut le vouloir et s'entraîner !

Pour bien mémoriser, il vous faut :
1. désirer retenir. On retient mieux si on a un projet sur ce qu'on veut retenir, notamment si on sait à quoi et pourquoi le savoir acquis va servir plus tard.

2. comprendre l'information. On mémorise mieux si on a compris les enjeux. De quoi « ça parle » ? Pourquoi ? Et comment ce savoir se situe par rapport à ce que l'on connaît déjà ?

3. structurer l'information. On mémorise mieux si on sait faire des liens, c'est-à-dire regrouper les éléments à retenir en un ensemble organisé, clair, cohérent et hiérarchisé.

4. connaître votre forme de mémorisation dominante. On mémorise mieux si on se connaît bien. Est-on plutôt :
- visuel ?
- auditif ?
- kinesthésique ?

5. s'entraîner. La mémoire, plus on l'utilise, plus elle est forte ! Tous les jours, on essaie de s'exercer en mémorisant des fiches. Pour muscler encore plus sa mémoire, on fait l'exercice en jonglant avec les approches :

Si vous êtes plutôt visuel, entraînez-vous à retranscrire vos idées avec des mots.
Si vous êtes plutôt auditif, entraînez-vous à développer une vue d'ensemble pour percevoir un sujet dans sa globalité :
- réaliser une synthèse ou un schéma,
- voir les liens qui existent entre des informations parfois éloignées l'une de l'autre.

Si vous êtes plutôt kinesthésique, entraînez-vous à imaginer et à associer des mouvements, des sensations dans votre tête, sans bouger vraiment.

Chapitre II

Passer un examen ou un concours demande de l'entraînement et donc des exercices.

Pour l'écrit, plusieurs formules existent :
La formule 1 « Maxexos » demande le moins de mémorisation et le maximum d'exercices. L'essentiel est de faire des exercices à partir des épreuves ou mieux des annales.
La formule 2 est celle du bachotage intégral. À part quelques petits « trucs » pour gagner quelques points, tout est dans l'art de la mémorisation et dans l'art de la fiche : claire, structurée (voir *Apprendre à prendre des notes*, Librio).

Pour les QCM, en faire le maximum. Lisez attentivement les instructions de départ, elles donnent d'intéressantes indications sur la façon la plus pertinente de répondre. Examinez ensuite chaque question pour déterminer :
- le niveau de réflexion requis (reconnaissance simple ou complexe, analyse, synthèse, application ou illustration) et
- le degré de différence entre les réponses correctes et incorrectes.

Important : fixez-vous un temps de réponse.

L'oral demande des compétences particulières :
- une qualité de l'expression orale :
    - o contenu de l'expression,
    - o argumentation, capacité à convaincre,

- o clarté de l'expression,
  - o tonalité,
  - o gestuelle.
- une qualité de la relation avec le jury :
  - o présence,
  - o dynamisme,
  - o capacité à rebondir,
  - o humour (mais discret).

Ces différents points peuvent se travailler seul ou à plusieurs, sous forme de jeux de rôle, en se fixant des questions à tirer au sort et en s'enregistrant.

Chapitre III

Réviser, c'est d'abord s'organiser.

1. Organisation du temps :
   - regrouper les activités et évaluer leur durée effective,
   - se fixer des priorités et ensuite les respecter,
   - éviter la lassitude et la fatigue en équilibrant les révisions faciles et difficiles, attrayantes et ennuyeuses. Le mieux est de commencer par ce que l'on a le moins envie de faire,
   - ne pas confondre l'urgent et l'important. Bien planifier, c'est faire en sorte que l'urgent n'empêche pas de faire l'important.

2. Organisation matérielle.

Elle implique d'abord un espace de travail bien aménagé. Selon votre situation familiale, il vous faut « réquisitionner » une chambre ou au moins un espace bureau un peu isolé. En faire « son » espace, indispensable à sa concentration. Autrement, acheter des boules Quies !
La table de travail doit être spacieuse avec :
- une pile pour les fiches à mettre au point et
- une pile d'ouvrages à consulter et
- des piles ou des casiers bien différenciés par sujet à réviser.

Tout doit être pratique, c'est-à-dire facilement accessible avec :
- des étagères comportant des classeurs, des dossiers ou des

boîtes d'archives de couleurs différentes, chaque couleur correspondant à une épreuve, toujours rangés à la même place ;

- d'autres étagères avec les livres indispensables également rangés toujours au même endroit ;
- une réserve de matériel facilement accessible ;
- une horloge bien visible.

En sus, éteindre son portable et sa boîte mail. Pas facile de se concentrer sinon !

Préparez-vous à passer au numérique, si ce n'est pas encore fait, pour gagner en temps et en organisation.

Chapitre IV

Passer un examen ou un concours demande un entraînement de longue distance :

1. savoir comment on va être évalué :
   - la nature précise des épreuves (écrit, oral, travaux pratiques, dossier...) ;
   - le programme complet couvert par le concours, l'examen ;
   - les rituels de l'épreuve.

   S'assurer de posséder les derniers programmes.
2. savoir comment se déroulent les épreuves : le temps à disposition, mais également les conditions particulières, par exemple la possibilité d'avoir des documents, une calculatrice ou même un accès à Internet.
3. déterminer les priorités entre les matières :
   - celles à fort coefficient ;
   - celles qui demandent beaucoup de mémorisation et celles qui nécessitent un entraînement.

Avant les cours, on révise les cours des années précédentes par des exercices, des quiz ou des dissertations, suivant les épreuves. On anticipe sur les cours à venir.

Juste après les cours, on repère si on a tout compris, on fait des fiches de révision.

On profite des vacances quand elles existent pour revoir le contenu des fiches. On fait des exercices ou des dissertations, c'est selon. Éventuellement, on peut préparer des fiches de synthèse.

Les derniers mois, on reprend l'ensemble. On revient sur les points qu'on a oubliés ou qu'on ne comprend plus. On met l'accent sur la compréhension d'ensemble. Cela permet de vérifier ensuite que l'on n'a rien oublié. Faire un planning jour par jour, semaine par semaine, de façon à pouvoir tout revoir et essayer de s'y tenir.

Les deux dernières semaines, on se remémore rapidement chaque cours avant de consulter ses fiches. On les parcourt toutes pour bien photographier leur contenu ! On mémorise maintenant des détails supplémentaires. On se donne des moyens mnémotechniques.

La veille, on revoit l'ensemble à grande vitesse. Quelques minutes par page ou par fiche. On ne s'inquiète plus, on ne panique pas. On positive et on fait au mieux. Tant pis pour ce qu'on n'a pas compris. On croise les doigts ! Surtout, on ne travaille pas la veille et on se couche très tôt, en mettant deux réveils.

Chapitre V

Pour bien réviser, on a besoin :

- d'une forte motivation pour faire l'effort de s'organiser, de mémoriser, de s'exercer et de passer ces épreuves et
- d'une bonne confiance en soi.

Rechercher les raisons qui peuvent vous motiver : trouver du sens pour y parvenir. Ce sens peut être :

- direct, lié au contenu lui-même ou
- indirect : avoir un projet, accéder à une profession, se faire plaisir, faire plaisir à ses parents, son conjoint, exister aux yeux de ses amis,

Surtout :

- prendre conscience de ses ressources et de ses qualités ;
- ne pas se lamenter, même si cela ne marche pas : l'erreur, l'échec fait partie du processus.

- toujours positiver : où ont été les obstacles, les incompréhensions ? et on recommence en se donnant pour commencer de petits objectifs à dépasser.

Une estime de soi élevée est un « plus » pour les révisions. La personne ayant une bonne estime retient plus facilement :
- elle objective ses difficultés pour les dépasser ;
- elle peut puiser en elle l'énergie lui permettant de mieux appréhender les difficultés à dépasser ;
- elle recherche plus facilement les ressources indispensables et les personnes qui peuvent l'accompagner.

Chapitre VI

Pour des révisions efficaces, il faut de l'énergie et de l'endurance. Être bien dans son corps et dans sa tête, c'est donc primordial ! Plusieurs points concernant le support de votre mémoire, le cerveau en particulier et votre corps en général sont donc à favoriser :

1. Le sommeil
On mémorise en fait durant le sommeil ! Bien sûr il faut que la mémoire ait été « nourrie » au préalable.
Le sommeil est réparateur pour votre cerveau de la fatigue des révisions et pendant ce temps, le cerveau structure la mémoire, organise les connaissances.
Éviter de prolonger les révisions tard dans la nuit : se coucher dès les premiers signes de fatigue ou faire une pause pour repartir.

2. Les pauses
Doper votre cerveau avec de petites siestes pour :
- régénérer la dynamique du cerveau ;
- améliorer la mémorisation et la concentration.

3. L'alimentation
Le cerveau, y compris la nuit, engloutit le tiers de l'énergie du corps. Par ailleurs, il a besoin :
- de protéines de qualité,
- d'acides gras essentiels,

– de glucides (sucres) complexes,
– de vitamines,
– de minéraux et
– d'oligo-éléments indispensables.

Plus les repas sont variés et riches en éléments nutritifs, mieux le cerveau est en état de marche !

4. Attention à l'alcool, au café, au tabac et aux drogues... qui diminuent les capacités de la mémoire.

5. Le stress

Un peu de stress est utile, attention au stress permanent :

– apprendre à respirer par le ventre et à se relaxer ou
– se faire masser pour diminuer le niveau de stress.

Achevé d'imprimer en Italie par Grafica Veneta
en mars 2015
Dépôt légal mars 2015
EAN 9782290108826
OTP L21ELLN000673N001
—
Composition : PCA
—
ÉDITIONS J'AI LU
87, quai Panhard-et-Levassor, 75013 Paris
Diffusion France et étranger : Flammarion

Librio
1004